Duden

Einfach klasse in

Deutsch

Wissen • Üben • Testen

5. Klasse

2., neu bearbeitete und erweiterte Auflage

Dudenverlag
Mannheim • Leipzig • Wien • Zürich

Bibliografische Information der Deutschen Nationalbibliothek
Die Deutsche Nationalbibliothek verzeichnet diese Publikation in der Deutschen Nationalbibliografie; detaillierte bibliografische Daten sind im Internet über http://dnb.ddb.de abrufbar.

 D C B A

Redaktionelle Leitung Martin Bergmann
Redaktion Anika Donner, Elke Spitznagel
Autoren Annegret Ising, Hans-Jörg Richter, Wencke Schulenberg

Herstellung Annette Scheerer
Layout Horst Bachmann
Illustration Carmen Strzelecki
Umschlaggestaltung WohlgemuthPartners, Bremen
Umschlagabbildung Plainpicture

Satz Katrin Kleinschrot, Stuttgart
Druck und Bindung Offizin Andersen Nexö Leipzig GmbH
Printed in Germany

ISBN 978-3-411-72152-8

DUDEN

Einfach klasse in

Deutsch

Lösungsheft

5.

Klasse

1 Wortarten

ÜBUNG 1 **S. 7**
Peter, Daniel, Eva, die Großmutter, die Klingel, der Nachmittag, die Freude, die Oma, das Ende, die Liebe, die Kinder, der Kuchen, das Haus, das Kleid, die Enkel, die Geschenke, die Tür

ÜBUNG 2 **S. 7**
die Jungen, die Blumen, das Mädchen, das Paket, die Dame, das Geschenk, das Buch, die Tiere, der Tag, das Lexikon

ÜBUNG 3 **S. 7**
Lebewesen: Peter, Daniel, Eva, die Großmutter, die Oma, die Kinder, die Enkel, die Jungen, die Blumen, das Mädchen, die Dame, die Tiere
Dinge: die Klingel, der Kuchen, das Haus, das Kleid, die Geschenke, die Tür, das Paket, das Geschenk, das Buch, das Lexikon
Begriffe: der Nachmittag, die Freude, das Ende, die Liebe, der Tag

ÜBUNG 4 **S. 8**
siehe unten

ÜBUNG 5 **S. 8**
Lösungsvorschlag:
auf -e: Fische, Beine, Scherze, Dinge, Ringe, Stifte, Zweige, Schweine, Hunde usw.
auf -(e)n: Zangen, Ohren, Kerzen, Herzen, Katzen, Gabeln, Fabeln, Blumen usw.
auf -er: Kinder, Rinder, Bilder, Felder, Bretter
auf -s: Omas, Autos, Handys, Babys usw.
mit Umlaut: Büsche, Bücher, Gänse, Räder, Blätter, Tücher, Bäume, Dächer, Körbe, Vögel usw.
wie im Singular: Messer, Löffel, Eimer, Mädchen, Gürtel

ÜBUNG 6 **S. 9**
die Pizzen / Pizzas – die Figuren – die Firmen – die Späße – die Zwiebacke / Zwiebäcke –die Alben – die Babys – die Drosseln – die Messer – die Ängste – die Staaten – die Lexika / Lexiken

ÜBUNG 7 **S. 9**
die Kinder – Neutrum, Plural
die Großmutter – Femininum, Singular
das Geschenk – Neutrum, Singular
den Nachmittag – Maskulinum, Singular
ihren Enkeln – Maskulinum, Plural
die Kinder – Neutrum, Plural
das Tierlexikon – Neutrum, Singular
eine Idee – Femininum, Singular
einen Ausflug – Maskulinum, Singular
den Zoo – Maskulinum, Singular

ÜBUNG 8 **S. 9**
2. die Großmutter – Nominativ
3. über das (schöne) Geschenk – Akkusativ
über den (wunderbaren) Nachmittag – Akkusativ
4. Mit **wem** verbrachte sie den Nachmittag? – mit ihren Enkeln – Dativ
5. **Wen** will sie überraschen? – die Kinder – Akkusativ

ÜBUNG 4	**Geschlecht: Genus**	**Femininum**	**Maskulinum**	**Neutrum**
Einzahl: Singular	**1. Nominativ**	die Mutter	der Mann	das Kind
	2. Genitiv	der Mutter	des Mannes	des Kindes
	3. Dativ	der Mutter	dem Mann	dem Kind
	4. Akkusativ	die Mutter	den Mann	das Kind
Mehrzahl: Plural	**1. Nominativ**	die Mütter	die Männer	die Kinder
	2. Genitiv	der Mütter	der Männer	der Kinder
	3. Dativ	den Müttern	den Männern	den Kindern
	4. Akkusativ	die Mütter	die Männer	die Kinder

6. **Wer oder was** brachte sie auf eine Idee? – das Tierlexikon – Nominativ
7. Auf **wen oder was** brachte sie das Tierlexikon? – auf eine Idee – Akkusativ
8. **Wen oder was** würde sie machen? – einen Ausflug (in den Zoo) – Akkusativ

ÜBUNG 9 S. 10

Er (Pers.) verlässt **sein (Poss.)** Zuhause, weil **seine (Poss.)** Eltern ... hat **er (Pers.)** Probleme: **Seine (Poss.)** Noten ... **seinen (Poss.)** Mitschülern versteht **er (Pers.)** sich ... denkt **er (Pers.)**: **Ich (Pers.)** hau ab! **Wir (Pers.)** lernen ... **Ihr (Pers.)** könnt ... bleibt **er (Pers.)** ... **Er (Pers.)** findet ... erleben **sie (Pers.)** ...

ÜBUNG 10 S. 10

witziger Wörter (Genitiv) – seinen Ohren (Dativ) – den Spitznamen (Akkusativ) – den Hausmeister (Akkusativ) – jede Kleinigkeit (Akkusativ) – seinen Späßen (Dativ) – den Spitznamen (Akkusativ) – Sein Vater (Nominativ) – seiner dummen Scherze (Genitiv) – schlechte Noten (Akkusativ)

ÜBUNG 11 S. 12

	Einzahl: Singular	Mehrzahl: Plural
1. Fall: Nominativ	das kleine Kind	die kleinen Kinder
2. Fall: Genitiv	des kleinen Kindes	der kleinen Kinder
3. Fall: Dativ	dem kleinen Kind	den kleinen Kindern
4. Fall: Akkusativ	das kleine Kind	die kleinen Kinder

ÜBUNG 12 S. 12

Ergänzung in dieser Reihenfolge:
besten – aufregenden – letzten – großen – schlechtes – fürchterlichen – freundliche – erfahrene – spannendes – kleines – köstlicher – erlebnisreichen – wunderschöne

ÜBUNG 13 S. 12

Lösungsvorschlag:
Meine Deutschlehrerin ist eine große Frau mit blonden, gelockten Haaren. Ihre Kleidung ist modisch und sie trägt eine rote Brille auf ihrer markanten Nase. Ihre Augen sind dunkelgrün und ihre Augenbrauen schmal. Sie lächelt meist freundlich und ist zu allen Schülerinnen und Schülern gerecht. Sie gibt nur wenig Hausaufgaben auf, allerdings kontrolliert sie immer sehr gründlich, ob wir sie auch eigenständig und gewissenhaft erledigt haben.

ÜBUNG 14 S. 13

Adjektiv	Bezugswort	Grundform
alter	Mann	alt
engen	Wohnung	eng
schönes	Wetter	schön
treuen	Hund	treu
kleine	Stadt	klein
nötigsten	Dinge	nötig
meisten	Spaß	viel!!!
alten	Hund	alt
schönen	Tages	schön
enge	Gasse	eng
kleiner	Junge	klein
prächtigen	Knochen	prächtig

ÜBUNG 15 S. 13

Positiv	Komparativ	Superlativ
trüb	trüber	am trübsten
früh	früher	am frühesten
fein	feiner	am feinsten

ÜBUNG 16 S. 13

Adjektive: super, prima, gut, einzigartig
steigerbar: gut – Paul kann seine Leistung noch steigern.

ÜBUNG 17 S. 14
Ergänzung in dieser Reihenfolge:
bestes (*von:* gut) Kleid – unverheiratete Tante – fernen Afrika – leckeren Kuchen – verwilderten Vorgarten – vielen Jahren – benachteiligten Kindern – langes Gesicht – große Schwester – mehr (*von:* viel) Zeit – fantastische Pläne – neue Schule – wenigen Monaten – anstrengenden, aber sicher erfolgreichen Schulzeit

ÜBUNG 18 S. 17
Lösungsvorschlag:
vorlesen – nachgeben – hintergehen – überschreiten – mitkommen – niederschlagen – beistehen – entgegenlaufen

ÜBUNG 19 S. 17
Singular: ich lauf**e**, du läuf**st**, er / sie / es läuf**t**
Plural: wir lauf**en**, ihr lauf**t**, sie lauf**en**

ÜBUNG 20 S. 17
1. = 2. Person Singular
2. = 2. Person Plural
3. = 1. Person Singular
4. = 3. Person Plural
5. = 3. Person Singular
6. = 1. Person Plural

ÜBUNG 21 S. 18
ich liebe – wir reden – ihr tanzt – du fragst – sie schreiben

ÜBUNG 22 S. 18
Perfekt mit *sein:* ich bin gelaufen, ich bin gegangen, ich bin gereist, ich bin geflogen
Perfekt mit *haben:* ich habe gehabt, ich habe gedacht, ich habe gegessen, ich habe gehalten

ÜBUNG 23 S. 18
Blau zu unterstreichen sind die Sätze:
wie es gewöhnlich ist – was er normalerweise nur an Schultagen tut – Üblicherweise stellt meine Mutter die Milch in die Kühlschranktür – Bis jetzt: Meine Mutter betritt freudestrahlend das Zimmer, öffnet das Fenster und säuselt mir ins Ohr: „Willst du heute gar nicht mehr aufstehen? Das Frühstück ist fertig!" Verwundert hebe ich den Kopf: War alles nur ein schlechter Traum?
Alle anderen Sätze müssen rot unterstrichen sein.

ÜBUNG 24 S. 19
1. Z **2.** Z **3.** G **4.** Z **5.** G

ÜBUNG 25 S. 19
ging – flehte – helfen – jagt – antwortete – kommt – tun – tobte – fängt – vergräbt

ÜBUNG 26 S. 19
fragen: frag(e)!, fragt!
essen: iss!, esst!
lesen: lies!, lest!
geben: gib!, gebt!
lachen: lach(e)!, lacht!
reden: rede!, redet!

ÜBUNG 27 S. 20
Lösungsvorschlag:
Frag bitte deine Mutter! – Frag deine Mutter mal! – Frag zuerst deine Mutter! usw.

ÜBUNG 28 S. 20
Ich **kam** gerade aus der Schule und **schaute** mich noch mal nach meinem Freund Fabian um. Deshalb **bemerkte** ich das herankommende Auto auch erst gar nicht. Natürlich **blieb** ich an der roten Ampel stehen. Da **merkte** ich plötzlich, dass hinter mir die anderen Schulkinder **anfingen** zu drängeln. Ich **ging** natürlich gleich auf die Seite, aber irgendwie **schaffte** es der Basti nicht mehr, sich zu halten, und **wurde** voll auf die Straße **geschubst**. Tja, und da **kam** das Auto ...

ÜBUNG 29 S. 20
In dieser Reihenfolge einzukreisen sind:
einmal – und – als – und – vom – bei – von – in – aber – als – beim – und – dass – Und – als – wenn – zurück – ins – dann – zu

Klassenarbeiten

AUFGABE 1 S. 21
Substantive: Fass, Spiel, Kenner, Männer, Schere
Pronomen: ich, mein, wir, ihre
Adjektive: nächtlich, viel, kompliziert, blau
Verben: kennen, unterbieten, raufen, finden

AUFGABE 2 S. 21
1. deklinierbar
2. konjugierbar
3. deklinierbar
4. deklinierbar
5. deklinierbar

AUFGABE 3 S. 21
siehe unten

AUFGABE 4 S. 22
sitzt – lässt – träumt – werde ... planen – bin ... gekommen – waren – geht – erwartet – Fahren – werden sehen – wird ... gefallen – bin ... gereist – schwärme – weiß – hat ... vorgestellt – wird ... werden

AUFGABE 5 S. 22
Präsens: er sitzt, er lässt, er träumt, er geht, sie erwartet, ich schwärme, er weiß
Präteritum: sie waren
Perfekt: ich bin gekommen, ich bin gereist, er hat sich vorgestellt
Futur: ich werde planen, Sie werden sehen, es wird gefallen, es wird werden
Imperativ: Fahren Sie

AUFGABE 6 S. 23
ich lese – ich las – ich lag – ich habe gelegen – er hat gelegen – sie haben gelegen
der Haut – der Haut – dem Müller – den Müllern – die Müller – die Bücher

AUFGABE 7 S. 23
1. Der **Komparativ** ist kein Kasus.
2. Der **Genitiv** hat nichts mit Steigerung zu tun.
3. Das **Pronomen** hat nichts mit Konjugation zu tun.
4. Der **Imperativ** hat nichts mit Deklination zu tun.

AUFGABE 8 S. 24
dachte er – kann er – hat er – für ihn – überlegte er – war er – er war

AUFGABE 9 S. 24
1. Ein Geräusch, ein Schatten oder ein Nichts erschreckten den Hasen.
2. Der Hase hörte ein leises Säuseln.
3. Der Hase sprang auf und lief davon.
4. Der Hase hetzte bis an das Ufer des Teiches.
5. Die Frösche erschraken vor dem Hasen.
6. Die aufgescheuchten Frösche sprangen ins Wasser.

AUFGABE 3

	Personalpronomen	Präsens (Gegenwart)	Perfekt (1. Vergangenheit)	Präteritum (2. Vergangenheit)	Futur (Zukunft)
1. Pers.	ich	laufe	bin gelaufen	lief	werde laufen
2. Pers.	du	läufst	bist gelaufen	liefst	wirst laufen
3. Pers.	er / sie / es	läuft	ist gelaufen	lief	wird laufen

AUFGABE 10 **S. 24**

Positiv	Komparativ	Superlativ
furchtsam	furchtsamer	am furcht-samsten
unglücklich	unglücklicher	am unglück-lichsten
ungestört	–	–
offen	–	–
ängstlich	ängstlicher	am ängst-lichsten
leise	leiser	am leisesten

AUFGABE 11 **S. 25**

sagte: Verb – mir: Pronomen – Tiere: Substantiv – vor: Präposition – dem: bestimmter Artikel – feige: Adjektiv – findet: Verb – immer: Adverb – ein: unbestimmter Artikel – Feigling: Substantiv

AUFGABE 12 **S. 25**

sagte: 3. Person Singular Präteritum
findet: 3. Person Singular Präsens
Tiere: Akkusativ Plural Neutrum
Feigling: Nominativ Singular Maskulinum

AUFGABE 13 **S. 25**

sägen: schwach, haben
gehen: stark, sein
beißen: stark, haben
lachen: schwach, haben
singen: stark, haben
gähnen: schwach, haben
hüpfen: schwach, sein
spielen: schwach, haben

AUFGABE 14 **S. 25**

1. Der **Genitiv** ist ein Kasus und passt nicht, denn die anderen Begriffe beschreiben ein Verb genauer.
2. Der **Superlativ** ist die zweite Steigerungsform des Adjektivs und passt nicht, denn die anderen Begriffe beschreiben ein Substantiv genauer.
3. Der **Komparativ** ist die erste Steigerungsform des Adjektivs und passt nicht, denn die anderen Begriffe beschreiben ein Verb genauer.
4. Die **Präposition** passt nicht, denn sie ist nicht deklinierbar wie die anderen drei Wortarten.
5. Das **Verb** passt nicht, denn es ist konjugierbar im Gegensatz zu den anderen drei Wortarten.

AUFGABE 15 **S. 26**

ich bin geschwommen: 1. Pers. Singular Perfekt, schwimmen
sie lesen: 3. Pers. Plural Präsens, lesen
sie ließ: 3. Pers. Singular Präteritum, lassen
du hattest gefeiert: 2. Pers. Singular Plusquamperfekt, feiern

AUFGABE 16 **S. 26**

des Hauses – die Enten – den Händlern – der Bücher – das Kabel – der Kerze

AUFGABE 17 **S. 26**

ihr singt – ihr sangt – du sangst – er / sie sang – er / sie tauchte – er / sie ist getaucht
den Baum – die Hütte – der Hütte – den Hütten – den Autos – der Autos

AUFGABE 18 **S. 27**

reich, reicher, am reichsten
herrlich, herrlicher, am herrlichsten
froh, froher, am frohsten
prächtig, prächtiger, am prächtigsten
groß, größer, am größten
Nicht steigerbar sind: königlich, offen, goldgelockt, unzählig

AUFGABE 19 **S. 27**

Artikel	Substantiv	Verb	Adjektiv
eine	Stadt	verpfändete	anderen
der	Juwelen	verkaufte	ganzen
die	Bedienten	entließ	altes
ein	Eigentum	blieb	tugendsame
eine	Waldschloss		wunderschöne
	Gemahlin		
	Töchter		

Pronomen	Präposition	Konjunktion	Adverb
er	nach	und	nur
seine	von	und	
es			
ihm			
seinem			

AUFGABE 20 **S. 27**

Stadt: Akkusativ Singular Femininum
Juwelen: Akkusativ Plural Femininum
Bedienten: Akkusativ Plural Femininum oder Maskulinum
Eigentum: Dativ Singular Neutrum
Waldschloss: Nominativ Singular Neutrum
Gemahlin: Nominativ Singular Femininum
Töchter: Nominativ Plural Femininum
er verpfändete: 3. Pers. Singular Präteritum
er verkaufte: 3. Pers. Singular Präteritum
er entließ: 3. Pers. Singular Präteritum
es blieb: 3. Pers. Singular Präteritum

AUFGABE 21 **S. 27**

siehe unten

AUFGABE 21

Fehler	falscher Kasus	richtiger Kasus	Korrektur
alle Welt	Nominativ / Akkusativ	Dativ	aller Welt
der Gräfin	Genitiv / Dativ	Nominativ	die Gräfin
ihre Töchter	Nominativ / Akkusativ	Dativ	ihren Töchtern
der Küche	Genitiv	Akkusativ	die Küche
die Kochkunst	Nominativ / Akkusativ	Genitiv	der Kochkunst
diesen Mahlzeiten	Dativ	Nominativ	diese Mahlzeiten
den Graf	Akkusativ	Dativ	dem Graf(en)

2 Satzglieder

ÜBUNG 1 S. 29
Lösungsvorschlag: Gestern Abend traf ich Peters Schwester in der Stadt.

ÜBUNG 2 S. 29
Ich traf gestern Abend Peters Schwester in der Stadt. – In der Stadt traf ich gestern Abend Peters Schwester. – Gestern Abend traf ich in der Stadt Peters Schwester. – Peters Schwester traf ich gestern Abend in der Stadt. – Ich traf gestern Abend in der Stadt Peters Schwester.

ÜBUNG 3 S. 29
Gestern Abend / traf / ich / Peters Schwester / in der Stadt.

ÜBUNG 4 S. 29
1. Sie besuchen den Kinderspielplatz in der Kirchstraße. **2.** In den Ferien leihe ich **sie** mir immer (dort). **3.** Ohne Zögern beging der Dieb **ihn**. **4. Es** ging ihr auf die Nerven.

ÜBUNG 5 S. 31
1. habe **2.** haben **3.** nagen **4.** macht
5. bleibt

ÜBUNG 6 S. 31
1. fährt – bleibt **2.** bastelt – nutzt
3. mag – verbringt **4.** findet – herstellt

ÜBUNG 7 S. 31
Versuchen – benötigen – lohnt – mahlt – verrührt – siebt – gibt hinzu – verknetet – rollt – setzt – bäckt

ÜBUNG 8 S. 32
1. Anfang Oktober **schreibt** Pia schon ihren Wunschzettel für Weihnachten. (Aussagesatz)
2. Kann sie es denn gar nicht mehr **abwarten?** (Entscheidungsfrage)
3. Sie **wünscht** sich von ganzem Herzen einen Computer. (Aussagesatz)
4. Den ganzen Tag **liegt** sie ihrer Mutter in den Ohren: „Bitte, Mama, **schenk** mir einen Computer zu Weihnachten! (Aufforderungssatz)
5. Mein Mathelehrer **sagt** immer: „**Wünscht** euch zum nächsten Fest einen Computer!“ (Aufforderungssatz)
6. „**Wirst** du meinen Wunsch **erfüllen**?“ (Entscheidungsfrage)
7. „**Gib** endlich Ruhe!“ (Aufforderungssatz), schimpft ihre Mutter. „Schließlich **ist** erst Oktober.“ (Aussagesatz)

ÜBUNG 9 S. 32
Lösungsvorschlag:
Martina ließ den Kopf hängen: Die Haare, die sie so lange hatte wachsen lassen, waren ab! Ihr Traum von einer Frisur, mit der sie Miss Germany werden könnte, war zerplatzt. Sie war verzweifelt. Konnte sie so nach Hause zurückkehren? Als sie dort ankam, stellte sie sich zuerst vor den Spiegel und dachte darüber nach, welche Frisur ihr jetzt noch stehen würde. Sie kam auf die Idee, dass sie die Haare hochstecken könnte.

ÜBUNG 10 S. 34
1. der Hausmeister – Wer baut die große Bühne für das Schulfest schon früh am Morgen auf?
2. die Schüler – Wer trifft wenig später ein, um die Buden und Verkaufsstände aufzustellen?
3. Die Buden – Was wurde gemeinschaftlich von Schülern, Lehrern und Eltern hergestellt?
4. alle – Wer wartet jetzt gespannt auf die ersten Gäste?
5. Der Erlös des Festes – Was soll vollständig der Schule zugutekommen?

ÜBUNG 11 S. 34
1. Die Schüler werden gelobt. **2.** Die Lehrer tanzen. **3.** Das Fest endet.

ÜBUNG 12 S. 34
1. Die Schminkaktion – Was?
2. Die kleinen Kinder – Wer?
3. neue Kunden – Wer?
4. das Clowngesicht – Was?
5. Der Preis von einem Euro pro Kindergesicht – Was?

ÜBUNG 13 S. 35

Subjekt	Pronomen
die Sonne	sie
Dunkle Regenwolken	Sie
der erste Ferientag	er
die Kinder	sie
Patrick	er
Das neue Buch von Tante Gabi	Es
Patrick	er
dicke Regentropfen	sie
ein Tag im Bett	es
Patrick	er
der Bücherwurm	er
Das dicke Buch	Es

ÜBUNG 14 S. 37

1. dir 2. dir 3. seiner 4. ihr 5. euch 6. unser 7. mir

ÜBUNG 15 S. 37

1. an 2. um

ÜBUNG 16 S. 37

Lösungsvorschlag:

1. einen Brief 2. dir 3. dir einen Brief 4. der Opfer 5. auf dich 6. dem Lehrer zum Geburtstag 7. der Frau die Hand

ÜBUNG 17 S. 38

1. ihre Großmutter (AO) mit einem Geburtstagskuchen (PO)
2. mit einem Überraschungsbesuch (PO)
3. der Großmutter (DO) eine „kurze“ Rede (AO)
4. dieser Rede (DO)
5. mit ihren Verwandten und Bekannten (PO)
6. mit einer Rede (PO) bei ihren Gästen (PO)
7. des schönen Tages (GO)

ÜBUNG 18 S. 38

Substantiv: Milch, H-Milch, Frischmilch, Frucht-Milchshakes, Shakes, Banane
Pronomen: sie, ihn, sie

ÜBUNG 19 S. 39

1. Nominativ 2. Akkusativ 3. Genitiv 4. Nominativ 5. Dativ 6. Akkusativ 7. Dativ

ÜBUNG 20 S. 39

1. Ich warte auf den Besuch meines Freundes.
2. Er drückte sich gepflegt aus.
3. Wir kümmerten uns um unsere neue Mitschülerin.
4. Auf der Flucht warf der Dieb seine Beute weg.
5. Die Schüler hatten die Hilfe des Lehrers nötig.
6. Dem Kind wurde das Daumenlutschen abgewöhnt.
7. Der Dieb stahl der Passantin die Tasche.

Klassenarbeiten

AUFGABE 1 S. 40

Lösungsvorschlag:

1. Heiner nimmt sich des kranken Hundes an.
2. Wir bitten die Lehrerin um die Rückgabe der Arbeit.
3. Ich habe Angst um meinen kranken Hund.
4. Deine beste Freundin Lisa glaubt ihm kein Wort.
5. Der Hund beißt unserem Nachbarn ein Ohr ab.
6. Die armen Menschen bedürfen der Unterstützung.
7. Sie begegnen den Kindern.
8. Die Lehrer achten auf Sauberkeit in der Klasse.

AUFGABE 2 S. 41

1. Ich (S) liebe dich (AO).
2. Liebst du (S) mich (AO)?
3. Diese Frage (S) beschäftigte den Jungen (AO) noch lange.
4. Der Junge (S) stellte viele Fragen (AO).
5. Das Mädchen (AO) quälten böse Träume (S).
6. Der Hund (S) verjagt die Katze (AO).

AUFGABE 3 S. 41

Lösungsvorschlag:

1. Der Maurer baut.
2. Der Maurer baut ein neues Haus.
3. Der neue Walkman gehört meinem Bruder.
4. Ich schenke meiner Oma einen Strauß Blumen.
5. Marco telefoniert mit seiner neuen Freundin.
6. Der Detektiv sucht mit einer Lupe nach einem Beweis.
7. Das Kind fragt den Opa nach einem Eis.

AUFGABE 4 S. 41

Ergänzung in dieser Reihenfolge:
herrschte – gibt – vorgeworfen – eingelassen – saß – wartete – erinnerte – verbracht hatte – wurde – eingeführt – Sollte – bedeuten

AUFGABE 5 S. 42

Ergänzung in dieser Reihenfolge:
mit ihrer Mutter (PO) – von den Nationalsozialisten (PO) – um ihr Leben (PO) – an die schlimmen Erlebnisse (PO) – den Auftrag (AO) – des völlig verschüchterten Mädchens (GO) – auf diese schwierige Aufgabe (PO) – wenig Zeit (AO) – ihr Vertrauen (AO) – alles (AO)

AUFGABE 6 S. 42

Einst / lebte (P) / eine berühmte Heilerin (S). / Viele Menschen / vertrauten (P) / ihrem Wissen (DO). / Drei weise Männer / wollten (P) / den kranken Bürgermeister (AO) / heilen (P). / Jedoch / keiner von ihnen (S) / schaffte (P) / dies. / Da / bat (P) / die Frau des Kranken / die Heilerin / um Hilfe (PO). / Diese / gab (P) / der Frau (DO) / bereitwillig / die rettende Medizin. / Der Bürgermeister (S) / erholte sich (P) / sofort. / Trotzdem / klagten (P) / die Leute des Dorfes / die Heilerin / der Gotteslästerung (GO) / an (gehört zu P). / Nun / bedurfte (P) / sie (S) / der Hilfe des Bürgermeisters. / Doch / er / hatte (P) / sie (AO) / vergessen (P).

AUFGABE 7 S. 43

Subjekte (rot): die Menschen – Diese ersten Wehranlagen – man – die Arbeiter – Die mächtigsten Burgherren – sie – Die Bauern dieser Gebiete – Sie – Die einfachen Hütten der Bauern – die Bauernfamilie – Der Burgherr – ein wärmendes Feuer – die Burgherrin
Prädikate (grün): brannten – errichtete – lebten – besaßen – herrschten – unterstanden – lebten – bestanden – wohnte – besaß – brannte – überwachte

AUFGABE 8 S. 43

einem Falken – präpositionales Objekt
den Hasen – Akkusativobjekt
seinem Herrn – präpositionales Objekt
die Jagdgesellschaft – Subjekt
Rebhühner – Akkusativobjekt
Wildschweine – Akkusativobjekt
seinem Jagdpferd – präpositionales Objekt
Eine Hundemeute – Subjekt
dem Hirsch – präpositionales Objekt
Die Jäger – Subjekt
Gelage – Akkusativobjekt
das Wild – Subjekt
ein köstlicher Honigwein – Prädikat zusammen mit dem Verb *ist*

AUFGABE 9 S. 44

Subjekt: ein kleiner Junge, Turniere, Der Ehrenpreis
Prädikat: hat angeschaut, bekam
Genitivobjekt: –
Dativobjekt: dem Sieger
Akkusativobjekt: Edelsteine
präpositionales Objekt: für Schwerter

AUFGABE 10 S. 44

1. Bei der Ankunft auf dem Parkplatz sah ich in der Ferne schon die Burg.
2. Früher lebten in dieser Burg ein Ritter und seine schöne Frau.
3. In den Burgmauern waren Schießscharten, aus denen haben die Bogenschützen geschossen, wenn Feinde die Leute auf der Burg überfallen wollten.

4. Die Verteidiger der Burg haben Pech auf die Angreifer gegossen.
5. Die Gemächer des Burgherrn hat uns eine Frau gezeigt.
6. Meine Mutter fand die Ritterrüstungen im Museum ganz toll.

AUFGABE 11 S. 45
1. klingelt 2. trägt 3. schickt 4. untersuchen 5. fürchten

AUFGABE 12 S. 45
1. die Notrufe, sie
2. Wer sollte gesund und sportlich sein? – ein Bewerber, er
3. Wer kontrolliert das Geschehen auf Seen und Flüssen? – die Wasserschutzpolizisten, sie
4. Wer begleitet den hohen Besuch? – die Motorradstaffel, sie
5. Wer hat bei Demonstrationen einen guten Überblick? – Polizisten auf Pferden, sie

AUFGABE 13 S. 46
1. Wonach suchen Hundeführer mit Hunden? – präpositionales Objekt
2. Wem ist das Einsatzkommando häufig ausgesetzt? – Dativobjekt
3. Wen warnt der herannahende Einsatzwagen mit Martinshorn und Blaulicht? – Akkusativobjekt
4. Wen verfolgt der Streifenwagen? – Akkusativobjekt
5. Wem wird die gestohlene Handtasche nach der Festnahme zurückgegeben? – Dativobjekt
6. Wessen bezichtigt der Kommissar den Verdächtigen? – Genitivobjekt

AUFGABE 14 S. 46
1. Der Polizist (S) schreibt für den Staatsanwalt (PO) ein Protokoll (AO) über den Diebstahl (PO).
2. Für den Hinweis (PO) zur Klärung des Verbrechens hatte die Kriminalpolizei (S) eine Belohnung von 2000 € (AO) ausgesetzt.
3. Die alte Frau (S) dankt dem Polizisten (DO) für die rasche Klärung des Falls (PO).
4. Sie (S) hat fest mit der Aufklärung des Falls (PO) gerechnet.
5. Zur Aufklärung der Straftat (PO) bedurfte es (S) einer großen Kombinationsgabe der Ermittler (GO).

3 Rechtschreibung

ÜBUNG 1 S. 49
die Menge – der Hai – die Reihe – das Meer – der Wal – der Zahn – der Hai – die Reihe – das Schicksal – der Kragen – der Schmerz – das Herz – das Mitleid – der Hai – die Medizin – die Medizin – der Wal – die Qual

ÜBUNG 2 S. 49
Ergänzung in dieser Reihenfolge:
Ihnen – Ihr – Sie – Sie – Ihrem – Ihnen – Sie – Ihre – Ihr

ÜBUNG 3 S. 50
Trübsal – Freiheit – Wagnis – Untersuchung – Sauberkeit – Achtung – Erlebnis

ÜBUNG 4 S. 50
1. Auf der Klassenfahrt haben wir **manches besonders Aufregende** erlebt.
2. Aber **das Beste** war die Nachtwanderung im Schnee.
3. Da gab es in unserer Klasse **einige sehr Ängstliche**.
4. Sie glaubten, dass **etwas besonders Unheimliches** passieren würde.
5. **Das ausdauernde Wandern** durch die kalte Winternacht war für einige von uns ziemlich ermüdend.
6. Umso mehr freuten wir uns auf **das Ausschlafen** am nächsten Morgen.

ÜBUNG 5 S. 50
Ergänzung in dieser Reihenfolge:
Zum Herbstanfang – ins Disneyland – Am 20. September – zum ersten Mal – ins Ausland – Beim Kofferpacken – im / vom Amt – Zum Glück – zum Termin – ans Weckerstellen

ÜBUNG 6 **S. 51**

1. Wir gratulieren **Ihrem** Sohn zur bestandenen Prüfung. – Die Eltern gratulieren **ihrem** Sohn zur bestandenen Prüfung.
2. Sarah und Simon fahren nach Fuerteventura, denn **sie** wollen einmal richtig ausspannen. – Fuerteventura ... wenn **Sie** einmal richtig ausspannen wollen!
3. Sparen **Sie** nicht am Futter! Wenn **Sie Ihre** Katze verwöhnen wollen, kaufen **Sie** LOMPIES! – Weil unsere Nachbarn **ihre** Katze verwöhnen wollen, sparen **sie** nicht am Futter, **sie** kaufen LOMPIES.
4. Wahre Genießer wissen, was zählt, **sie** gönnen **sich** ein Bad mit Rosenextrakt. – Machen **Sie sich** das Leben schön, gönnen **Sie sich** ein Bad mit Rosenextrakt von SMOOTHBATH!
5. Sehr geehrter Herr Meier, wir danken **Ihnen** für **Ihre** Teilnahme an unserem Gewinnspiel. – In dem Brief steht, dass sie **dir / ihnen / euch / uns** für **deine / ihre / eure / unsere** Teilnahme an **ihrem** Gewinnspiel danken.

ÜBUNG 7 **S. 51**

1. zum **E**ssen – zu **e**ssen
2. zu **s**tricken – Zum **S**tricken
3. Das **L**esen – zu **l**esen
4. zu **s**pielen – Zum **S**pielen
5. zu **s**chreien – Vom **S**chreien

ÜBUNG 8 **S. 54**

Langer Vokal: Blume – sieben – malen – Rose – rot – nehmen – rufen
Kurzer Vokal: Locke – Witz – List – Sonne – Wand – bunt

ÜBUNG 9 **S. 54**

1. **hören:** Hörer, Zuhörer, Hörgerät, Hörfunk, Hörspiel, mithören, überhören, hörenswert, schwerhörig
2. **nehmen:** annehmen, zunehmen, hochnehmen, mitnehmen, unternehmen, Teilnehmer, Benehmen, vornehm
3. **viel:** vielschichtig, vielfältig, Vielzahl, Vielfraß, Vielfalt, vielfach, vielleicht
4. **nahe:** beinahe, hautnah, sich nähern, näher kommen, Nähe, Nahverkehr, Naherholungsgebiet, unnahbar
5. **Segen:** segensreich, Segensworte, einsegnen, absegnen, Segnung, gesegnet
6. **Haar:** Haarband, Haarfarbe, rothaarig, um Haaresbreite, haarsträubend, haarscharf, haarklein, Härchen

ÜBUNG 10 **S. 54**

Beerenobst, Schneeschaufel, Ballsaal, Speerwurf, Moorhuhn, Kaffeetasse, Seemann, Personenwaage

ÜBUNG 11 **S. 55**

R	U	M	M	E	L	F	S	C	H	P	A	S
R	O	O	T	V	Q	D	C	H	X	A	W	T
E	M	T	A	G	I	J	H	S	Q	P	Z	I
S	B	T	R	U	Y	U	W	L	L	P	H	M
T	K	E	T	T	E	I	I	F	N	E	R	M
A	Y	E	A	E	T	I	M	G	R	E	V	E
M	K	L	N	E	B	O	M	U	R	C	E	N
P	E	N	N	R	F	L	B	A	B	U	L	A
E	N	W	E	E	K	K	A	T	Z	E	F	N
L	K	I	N	N	H	L	D	E	R	C	E	L
U	L	E	N	B	E	L	R	I	S	K	I	C
H	T	K	D	E	C	K	E	L	E	E	P	R
V	P	O	Z	K	B	L	E	V	E	X	H	A

ÜBUNG 12 **S. 55**

Lösungsvorschlag:
-atz-: Platz, platzen, Schatz, Katze, Tatzen, Satz, Glatze, Latz
-itz-: sitzen, blitzen, Besitz, flitzen, kritzeln, Ritze, witzig, Hitze, Glitzer, Spitze
-eck-: Decke, Hecke, verstecken, entdecken, Fleck, Zweck, keck, schmecken

ÜBUNG 13 **S. 56**

wiedergeben – wiederholen – wiederherstellen – wiederbringen
widersprechen – widerstehen – widerlegen – widerspiegeln – widerrufen

ÜBUNG 14 **S. 56**
lebten – Diebesbanden – verlegt – Damen – ihre – Juwelen – stehlen – Ohne – Vorwarnung – nahmen – ihre – lieferten – Gefahren – Bestohlenen – wehrten – flehten – Gnade – wohl – Wahl

ÜBUNG 15 **S. 56**
Ur-/ur-: Ursprung, uralt, Urzeit
-tum: Christentum, Altertum
-sal: Mühsal, Schicksal, Rinnsal
-bar: fahrbar, wunderbar, fruchtbar, ehrbar, furchtbar, genießbar
-sam: mühsam, wundersam, seltsam, langsam, furchtsam

ÜBUNG 16 **S. 58**
1. Erbse **2.** Schloss **3.** Straße

ÜBUNG 17 **S. 59**
1 Pass **2** Fluss **3** Los **4** Ast **5** Umriss
6 Maß **7** Essen **8** Nüsse **9** Moos **10** Untertasse
11 Spieß
Lösungswort: Pflaumenmus

ÜBUNG 18 **S. 59**
s: Los, Ast, Moos
ss: Pass, Fluss, Umriss, Essen, Nüsse, Untertasse
ß: Maß, Spieß

ÜBUNG 19 **S. 59**
essen: ich esse, du isst, er / sie / es isst – ich aß, du aßest, er / sie / es aß – ich habe gegessen, du hast gegessen, er / sie / es hat gegessen
lesen: ich lese, du liest, er / sie / es liest – ich las, du lasest, er / sie / es las – ich habe gelesen, du hast gelesen, er / sie / es hat gelesen

ÜBUNG 20 **S. 60**
1. Der Koch misst den Zucker für die Nusssoße ab.
2. Der Mann vergaß zum Schluss die Rosen zu gießen.
3. Heiße Würstchen isst mein großer Bruder am liebsten.
4. Schließlich raste der Hund auf die Straße und zerriss die Hose.

Klassenarbeiten

AUFGABE 1 **S. 61**
Gestern kam der Zirkus in unsere Stadt. Schon am Vortag hatten die Männer vom Zirkus die Plakate aufgehängt und waren mit Lautsprechern auf dem Dach durch die Stadt gefahren: „Achtung, Achtung! Ab morgen gastiert der Zirkus Luftikus in Ihrer Stadt. Die Vorstellungen sind jeden Abend um 20:00 Uhr, die Kindervorstellungen täglich um 16:00 Uhr.“ Am nächsten Tag begann man sofort damit, das riesige Zelt aufzubauen. Viele Kinder schauten der Mannschaft neugierig bei ihrer Arbeit zu. Das Aufbauen dauerte nur einen Vormittag, dann ging es endlich los. Zur ersten Vorstellung strahlte den Gästen von der Zirkuskuppel ein tiefes Blau entgegen.

AUFGABE 2 **S. 61**
Floß, Flöße – Ergebnis, Ergebnisse – Hindernis, Hindernisse – Kürbis, Kürbisse – Gruß, Grüße – Krokus, Krokusse – Verließ, Verließe – Fluss, Flüsse – Biss, Bisse – Bus, Busse – Kuss, Küsse – Kloß, Klöße – Laus, Läuse – Ausweis, Ausweise

AUFGABE 3 **S. 61**
Mark Twain wurde am 30. November 1835 in einem kleinen Dorf in Florida geboren. Das Dorf zählte nur etwa hundert Einwohner, sodass die Geburt des kleinen Jungen ein großes Ereignis darstellte. Dieses Dorf hatte nur zwei echte Straßen, die übrigen Wege waren lediglich Fußwege entlang der riesigen Maisfelder. Bei nassem Wetter überzog die Wege ein zäher Schlamm, bei trockenem eine feine Staubschicht. Die meisten Häuser waren einfache Blockhäuser.

AUFGABE 4 **S. 62**
Selbst die Kirche war ganz aus Holz. Der Bohlenboden bestand aus groben Stämmen und war nicht mit Teppich bedeckt. Wenn jemand zufällig etwas fallen ließ, so verschwand dies auf Nimmerwiedersehen zwischen den Spalten der großen Bretter. Da die Kirche auf kur-

zen Holzpflöcken stand, hausten dort unten Schweine, Katzen und Hunde, die den Gottesdienst des Pfarrers störten, wenn die Tiere nicht gerade schliefen. An Wochentagen wurde die Kirche als Schule benutzt. Es gab auch ein Geschäft im Dorf, dessen Besitzer mein Onkel war. Es war ein sehr bescheidener Laden, in dem es lediglich ein paar Gerätschaften wie Besen, Äxte, Hacken und dergleichen zu kaufen gab.

AUFGABE 6 S. 63
Aufmerksamkeit – Ameise – emsigen – Neues – besonders – was – dass – außerordentlich – besonders – was – etwas – Besseres – bis – gesehen – Fleiß – durchaus – auszusetzen

AUFGABE 7 S. 63
rennt – Kieselstein – anstatt – ihn – klettert – zerrt – kugelt – wütend – schüttelt – gierig – ihrem – Eigentum – stößt – schiebt – dreht – zerrt – immer – plötzlich – wieder – fortrennt

AUFGABE 8 S. 64
Betrachten wir sie einmal, wenn sie auf Beute ausgeht. Sie hat einen Fang getan; aber was macht sie dann? Geht sie etwa nach Hause? Durchaus nicht, gerade im Gegenteil; sie weiß nicht mehr, wo ihre Wohnung ist, und kann sie nicht finden, wenn sie auch kaum drei Fuß davon entfernt ist. Sie tut einen Fang, habe ich gesagt, aber gewöhnlich ist das Ding zehnmal so groß, als es sein sollte, sie fasst es gerade am unbequemsten Ende an und hebt es mit aller Gewalt in die Höhe; dann trägt sie es fort, nicht nach Hause, sondern in entgegengesetzter Richtung, nicht ruhig und bedächtig, sondern mit rasender Eile, bei der sie ihre Kräfte unnütz vergeudet.

AUFGABE 9 S. 64
stößt – Pflanze – fällt – ihr – muss – hinaufklettern – Spitze – Besitz – herziehen – wenn – Mehl – schleppen – hinaufkommt – dass – klettert – kugelt – nimmt – gewöhnlich

AUFGABE 10 S. 64
Dass die Ameise sich wieder und wieder mit viel zu großen Beutestücken herumplagt, ist absolut widersinnig. An einem Punkt aber muss ich Mark Twain widersprechen: Dass die Ameise ihre Fehler immer wiederholt, verärgert mich nicht, sondern es amüsiert mich. Meine Freundin findet Ameisen widerlich, ich finde, dass sie niedlich sind.

AUFGABE 11 S. 65
Die korrigierten Wörter:
Leichtsinn – Dummheit – unternahm – Haare – dreizehn Jahre – Gedanken – dass (jede) – fliegen – explodieren – (das) Spielen – Straße – Angelegenheit

AUFGABE 12 S. 65
Überhaupt war mir damals vieles noch ziemlich unklar. Meine Zensuren waren nicht nur mäßig, sie waren ausgesprochen lausig. Ich tat nur das, was mir Spaß machte, und das waren meistens Dinge, die nicht auf dem Lehrplan unserer Klasse standen. Dass ich auf diese Weise weder zu Hause noch in der Schule große Lorbeeren ernten konnte, merkte ich erst, als es bereits zu spät war und ich mit Pauken und Trompeten, sehr zum Entsetzen meiner Eltern, in der achten Klasse kleben blieb.

AUFGABE 13 S. 65
besuchte – damals – Französische – Gymnasium – Berlin – Interessen – schwankten – zwischen – Naturwissenschaft – Musik – Schulorchester – Cello – Mutter – Geduld – vierhändige – Sonaten – mir – versuchte – allerdings – dünnen – schwelgte – Öfteren – erfolgreichen – Komponistenlaufbahn

AUFGABE 14 S. 66
Der Held meiner **Jugend** war jedoch Nikolaus Kopernikus. Er war der Erste, der es wagte, im **Widerspruch** zu den damaligen **Anschauungen** der Kirche und der Gelehrtenwelt zu erklären, dass nicht die Erde, sondern die Sonne der Mittelpunkt unseres Weltalls ist. Doch wurde ich meiner **Bewunderung** für die Geistestaten des

Kopernikus bald durch wesentlich näherliegende und aufsehenerregendere **Geschehnisse** abgelenkt. Max Valier, einer der einfallsreichsten und aktivsten Förderer des Einsatzes von Raketen als Antrieb zur **Erzielung** hoher Geschwindigkeiten, hatte sich mit Fritz von Opel, dem bekannten deutschen Automobilfabrikanten, zusammengetan: In gemeinsamer **Anstrengung** entwickelten sie einen durch Raketen angetriebenen Wagen, mit dem sie neue Geschwindigkeitsrekorde aufstellten: Die **Zeitungen** waren voller Schlagzeilen über die kühnen, wenn auch nicht immer von Erfolg gekrönten Versuche, die meine Fantasie und meinen Unternehmungsgeist zu wilden **Überlegungen** anregten.

4 Zeichensetzung

ÜBUNG 1 S. 68

Schenken Sie uns fünf Minuten Aufmerksamkeit! Es geht um die Sicherheit Ihrer Kinder. / ! Immer mehr Kinder sterben im Straßenverkehr. Das muss nicht sein! Wollen Sie noch länger tatenlos zusehen? Durch Geschwindigkeitsbegrenzungen könnten viele Unfälle vermieden werden. Wir Eltern setzen uns dafür ein. Machen auch Sie bei unserer Aktion mit!

ÜBUNG 2 S. 68

vgl. Übung 3

ÜBUNG 3 S. 68

Frage mit Fragewort: Wo warst du gestern? Wie alt ist sie? Wer war das? Warum fragst du?
Satz- bzw. Entscheidungsfrage: Bist du sauer? Hast du mich gesehen?

ÜBUNG 4 S. 69

Das Schiff fuhr nach Ostindien und ich hatte als Arzt nicht viel zu tun. Doch eines Nachts gerieten wir in einen fürchterlichen Sturm. Welch ein Unwetter zog über uns her! Nach mehreren Tagen Kampf gegen die Naturgewalten zerbrach die „Antilope“ und versank.
Was sollte jetzt aus mir werden? Ich trieb ohne Hoffnung auf Rettung allein auf den Wellen durch die dunkle Nacht. Da, plötzlich fühlte ich Grund unter meinen Füßen! Wo war ich? Ich stolperte durch den nassen Sand und betrat festen Boden. Nirgends sah ich Zeichen menschlichen Lebens. Nun, fürs Erste war ich gerettet! Beruhigt schlief ich ein.
Am nächsten Morgen wollte ich mich wohlig in der warmen Sonne räkeln. Doch was war das? Ich konnte mich nicht bewegen! Jetzt wollte ich mich aufsetzen. Es misslang! Noch nicht einmal den Kopf konnte ich bewegen! Was war in der Nacht geschehen?
Mit langsamen Bewegungen versuchte ich, den Kopf aus seiner seltsamen Starre zu befreien. Nach Verlust mehrerer Haare konnte ich den Kopf wenigstens so weit bewegen, dass ich an mir hinunterschauen konnte. Ich war von Kopf bis Fuß gefesselt! Doch wer hatte dieses Kunststück vollbracht?

ÜBUNG 5 S. 69

2. Ich bekomme die Tür nicht auf.
3. Kannst du nicht mal still sein?
4. Es ist höchste Zeit, aufzustehen.
5. Würdest du bitte vorlesen?

ÜBUNG 6 S. 71

Die Hauptsätze sind fett hervorgehoben, alle anderen Sätze sind Nebensätze:
Eine Stadtmaus ging einmal spazieren, als ihr eine Feldmaus begegnete. **Die Feldmaus gab der Stadtmaus gerne von ihren Vorräten ab.** Weil die Feldmaus aber nur Früchte des Waldes und Feldes besaß, **lud die Stadtmaus sie zu einem Besuch bei sich ein. Ihre Speisekammer war randvoll mit herrlichen Speisen. Es gab Brot, Schinken, Speck, Kuchen und allerlei mehr. Da kam aber der Besitzer der Speisekammer herein und die Mäuse suchten zitternd vor Angst ein Versteck. Die Stadtmaus floh sofort in ihr Mäuseloch.** Da die Feldmaus sich aber nicht auskannte, **fand sie kein sicheres Versteck und wäre beinahe umgekommen. Nach diesem Erlebnis wollte die Feldmaus schnell wieder nach Hause. „Bleibe du ruhig eine feine Stadtmaus.**

Ich will ein armes Feldmäuschen bleiben und bescheiden meine Eicheln und Nüsse essen. Hier in der Stadt fühle ich mich nicht sicher, weil es überall Gefahren gibt. **Allein auf dem Land bin ich frei und sicher in meinem Feldlöchlein.“**

ÜBUNG 7 **S. 71**

1. Bis wir uns wiedersehen, werde ich jeden Tag an dich denken.
2. Ich denke an dich und wir sehen uns bestimmt wieder.
3. Wir treffen uns in Hamburg oder wir sehen uns in Berlin wieder.
4. Das erste Mal sahen wir uns in Hamburg, das nächste Mal trafen wir uns in Berlin.
5. Für nächstes Jahr planen sie einen gemeinsamen Urlaub oder sie bleiben zu Hause.
6. Obwohl ein gemeinsamer Urlaub geplant war, blieben sie lieber zu Hause.

ÜBUNG 8 **S. 72**

Lösungsvorschlag:

Für die Zubereitung einer Biskuitrolle benötigt man 4 Eier, 150 g Zucker, eine Prise Salz, 2 Esslöffel warmes Wasser, 100 g Mehl, 2 Teelöffel Backpulver und 2 Päckchen Vanillepuddingpulver. Zuerst wird steif geschlagenes Eiweiß mit Zucker, Salz und Wasser in eine Schüssel getan und alles mit einem Mixer schaumig gerührt. Dann muss das Eigelb vorsichtig untergezogen werden. Danach wird das Mehl, das Backpulver und das Puddingpulver gesiebt, dadurch gemischt und vorsichtig mit der Eier-Zuckermasse verrührt. Der Teig wird auf einem Backblech gleichmäßig verteilt und bei 180° C etwa 20 Minuten gebacken. Anschließend wird der noch warme Biskuit auf ein gezuckertes Geschirrtuch gestürzt, gerollt und muss dann auskühlen. Die Rolle kann mit Sahnecreme, Marmelade, Schokocreme oder Fruchtquark gefüllt werden.

ÜBUNG 9 **S. 72**

Kleine, quirlige Kinder – zwei unvorsichtige Vierjährige – die unübersichtliche alte Hauptstraße – weißes, süßes und kleines Kaninchen – mit schweren, schmerzenden und langwierigen Verletzungen

ÜBUNG 10 **S. 74**

„Das ist nicht recht, Vater“, <u>schimpft er</u>, „dass Ihr ...“ – <u>Er spricht</u>: „Das ist nicht recht, ...“ – „... Steigt sofort ab!“, <u>ruft er</u>. – „Ihr seid drei kuriose Gesellen“, <u>wundert er sich</u>.

ÜBUNG 11 **S. 74**

1. **„**Mir gefällt die Geschichte überhaupt nicht!**“,** schimpft Peter.
2. **„**Warum?**“,** fragt Katrin nach. **„**Ist doch wirklich lustig, dass die beiden sich so durch andere verunsichern lassen.**“**
3. **„**Und außerdem**“,** fügt Maria hinzu, **„**ist die Vorstellung, dass ein Esel getragen wird, echt komisch.**“**
4. **„**Aber die ganze Zeit passiert immer dasselbe: Ein Wanderer kommt, ein Wanderer kommt und so weiter**“,** meckert nun auch Tom.
5. **„**Ach, ihr Jungs habt doch keine Ahnung!**“,** ereifert sich Verena. **„**Ihr wisst doch gar nicht, was eine gute Geschichte ...**“**
6. Die Lehrerin fällt Verena ins Wort**: „**Nun mal langsam. Jeder darf hier sagen, wie ihm die Geschichte gefällt.**“**

ÜBUNG 12 **S. 75**

Lösungsvorschlag:

Paul kommt aufgeregt zu seinen drei Freunden Christopher, Lisa und Laura gelaufen: „Das waren tolle Ferien! Ich war in Amerika und habe dort einen Jungen kennengelernt. Er heißt Steven und wir schreiben uns jede Woche.“ „Meine Ferien waren leider ziemlich langweilig“, meint Laura, „denn ich war bloß bei meiner Oma in Kleinniederheuersfeld. Hoffentlich werden die nächsten Ferien besser!“ Betrübt zeigt Lisa auf ihr Bein: „Was soll ich denn sagen? Ich lag vier Wochen mit einem gebrochenen Bein im Krankenhaus. Dort hatte ich nur wenig Besuch, denn es waren ja fast alle im Urlaub. Da habe ich dann eben viel gelesen." „Wenigstens hattest du Ruhe. Ich habe einen schreienden Bruder bekommen", erzählt Christopher. „Ich bin vor dem Geschrei jeden Tag ins Schwimmbad geflohen. Da habe ich auch noch einen schlimmen Sonnenbrand bekommen."

ÜBUNG 13 **S. 75**

1. Frieda klagt: „Meine Mutter schimpft immer mit mir: ‚Putz dir die Schuhe ab!'"
2. In der Zeitung stand: „Die Polizei ließ gestern die frohe Botschaft verkünden ‚Das verschwundene Mädchen ist wieder aufgetaucht' und hat dies heute noch einmal bestätigt."
3. Kalle erzählt seinem Freund: „Der Zugführer rief ‚Einsteigen bitte!' und der Zug setzte sich in Bewegung."

Klassenarbeiten

AUFGABE 1 **S. 76**

1. „Wenn ich das geahnt hätte, hätte ich dich sicher nicht gehen lassen**!**"**,** schimpfte mein Vater.
2. „Nein"**,** betonte der Mann, „das Geschäft bleibt geschlossen**!**"
3. „Was willst du**?**"**,** fragte ich sie.
4. „Gib mir mal dein Heft**!**"**,** bat mich Klaus.
5. „Ist es wirklich wahr"**,** fragte sie entgeistert, „dass ihr heiratet**?**"
6. Die Köchin rief: „Das Essen ist fertig**!**"
7. Der Lehrer erklärte: „Der Dativ ist der Wem-Fall."
8. „Der Akkusativ"**,** fuhr der Lehrer fort, „ist der Wen-Fall."
9. „Zweifellos werden wir uns morgen sehen"**,** versprach Lisa ihrem Freund.
10. „Kannst du mir mal helfen**?**"**,** bat Helena.

AUFGABE 2 **S. 76**

Die Hauptsätze sind fett hervorgehoben, alle anderen Sätze sind Nebensätze:
Als ich im November per Kutsche von Frankfurt nach Weimar reisen wollte, **nahm ich eine Kammerfrau mit. Es war ein langer, beschwerlicher Weg,** weil die Straßen schlecht waren und überall Räuberbanden lauerten. **Bis Hanau kamen wir recht gut voran,** obgleich unser Pferd gefallen war. **Gleich dahinter fing das Unglück aber an.**
Obwohl die Nacht schon hereingebrochen war, **waren wir an zahlreichen Gasthöfen vorbeigefahren,** da wir die Ausplünderung in diesen Spelunken fürchteten. **Da aber blieben wir in einem Loch stecken und mussten uns nun doch ein Quartier suchen,** wenn wir die Nacht nicht unter freiem Himmel verbringen wollten.

AUFGABE 3 **S. 77**

Der Wirt eines nahe gelegenen Gasthofes bot uns sofort ein Zimmer an. „Der Wagen ist hin. Ihr müsst morgen einen Schmied holen lassen!" Doch ich traute dem Wirt nicht. So begab ich mich in der Nacht zu unserem Wagen und sah mit Entsetzen, wie der Wirt mein Gepäck untersuchte. Kaum eine Viertelstunde später saßen wir wieder in unserem Wagen und kämpften uns durch die Nacht.
Doch plötzlich stand der Wagen still. „Was ist denn los?", fragte meine Kammerfrau den Kutscher. „Das Pferd ist gestürzt und kann nimmermehr aufstehen", antwortete dieser und ging los, um Hilfe zu holen. So saßen wir zwei Frauen zwei Stunden nach Mitternacht mutterseelenallein mitten in einem großen, unheimlichen Wald in unserer Kutsche und warteten auf Hilfe. Erst als der Morgen dämmerte, kam unser Kutscher mit einem Pferd zurück und wir konnten die beschwerliche Fahrt fortsetzen.

AUFGABE 5 **S. 78**

Der Arzt **fragt** ihn verwundert
Da **antwortet** der Frosch

AUFGABE 6 **S. 78**

1. Ein Bauer karrt eine Fuhre Mist durch die Straße. „Wo kommt denn dieser Mist hin?“, fragt die kleine Anna. „Auf die Erdbeeren!“, antwortet der Bauer. „Komisch“, meint Anna, „wir geben immer Sahne auf die Erdbeeren.“
2. „Voriges Jahr haben wir eine Weltreise gemacht“, gibt Stefan an. „Und dieses Jahr?“, fragt Judith. „Dieses Jahr? Da fahren wir woanders hin.“

AUFGABE 7 **S. 78**

Reiten, Schwimmen oder Lesen sind Freizeitbeschäftigungen, die Kinder gerne in ihren Ferien ausüben, während ihre Eltern sich **Burgen, Schlösser und andere bedeutsame Bauwerke** anschauen wollen. Wegen der unterschiedlichen Vorstellungen gibt es oft schon am ersten Morgen des Urlaubs **schlechte Laune, Ärger oder sogar Streit**, weil man sich nicht einigen kann, ob einfach nur **gefaulenzt, gebadet oder aber gewandert** werden soll.

AUFGABE 8 **S. 78**

Familie Müller verbringt die Ferien auf einem familienfreundlichen, kleinen und günstigen Bauernhof, der in der Nähe von Bremen liegt. Sie haben Frühstück, Mittagessen und auch Abendessen gebucht, weil niemand in den Ferien Zeit und Lust zum Kochen hat.

5 Erzählen

ÜBUNG 1 **S. 81**

Erlebniserzählung: 1, 2, 3, 6, 7, 10, 12, 13, 15
Fantasiegeschichte: 4, 5, 8, 9, 11, 14, 16

ÜBUNG 2 **S. 81**

Meine Geburtstagsparty: Einladungskarten schreiben und verteilen – Grill aus dem Keller holen – Hefeteig für Stockbrot ansetzen – Holzkohle kaufen
Begegnung mit einem Drachen: sumpfiges Gelände – Schwefelgeruch – angekohlte Bäume und Sträucher – furchterregende Geräusche
Die Supermaus: dreißig Käselaibe pro Tag verspeisen – allerdings etwas eitel, bürstet sich jeden Tag zwei Stunden lang das Fell – als Blitzkurier einsetzbar – erfolgreiches Studium an der Mäuse-Akademie

ÜBUNG 3 **S. 82**

Lösungsvorschlag:
Meine Geburtstagsparty: Musik auflegen – Krach mit den Nachbarn – Lagerfeuer
Begegnung mit einem Drachen: aufsteigender Rauch – grüne Schwanzflosse – Kampf
Die Supermaus: Kamm verloren – noch schnell einen kaufen – Ladenschluss

ÜBUNG 4 **S. 82**

Die richtige Reihenfolge: 3, 7, 1, 5, 4, 6, 2

ÜBUNG 5 **S. 82**

Lösungsvorschlag:
Gestern habe ich davon geträumt, über Nacht im Zoo eingeschlossen worden zu sein. Um mich vor dem großen Gewitter zu schützen, ging ich ins Tropenhaus. Als ich kurz nach dem Gewitter das Tropenhaus verlassen wollte, war die Ausgangstür verschlossen. Sofort eilte ich zur Eingangstür, aber dort konnte ich auch nicht hinaus. Eindringliches Pochen gegen die Tür und lautes Rufen halfen nichts. Niemand reagierte. Ein Blick auf die Uhr zeigte, dass es bereits nach 18:00 Uhr und ich offensichtlich bis zum nächsten Morgen hier gefangen war. Ich

machte mich auf die Suche nach einem Schlafplatz. Hinter dem Kaimanbecken gab es eine kleine, trockene Höhle, zu der ich über einen schmalen Steg gelangen konnte. Als Abendbrot nahm ich drei Orangen mit, die ich von der Aussichtsplattform aus pflücken konnte. Ich tastete mich vorsichtig über den Steg und versuchte, die Aufmerksamkeit der Kaimane nicht auf mich zu lenken. Solange die Beleuchtung noch an war, hielten die grünen Tiere immer wieder ihre Schnauze aus dem Wasser und beobachteten mich neugierig. Nachdem dann das Licht ausgegangen war, wurden die Fledermäuse in der Höhle aktiv. Vor Aufregung konnte ich kaum schlafen. Offensichtlich sind mir dann doch irgendwann die Augen zugefallen, denn am nächsten Morgen wurde ich durch sanftes Rütteln geweckt. Die Tierpflegerin staunte nicht schlecht, als ich ihr von meinen Erlebnissen berichtete.

ÜBUNG 6 S. 84

sagen: rufen, meinen, antworten, erwidern, entgegnen, flüstern, schreien ...
denken: sich etwas durch den Kopf gehen lassen, überlegen, meinen, erwarten, für richtig halten ...
lustig: fröhlich, fidel, munter, komisch, merkwürdig, lächerlich, witzig, heiter, gut gelaunt ...
sich freuen: glücklich sein, zufrieden sein, lachen, strahlen über das ganze Gesicht ...
helfen: behilflich sein, Hilfe leisten, unter die Arme greifen, unterstützen, zur Hand gehen ...
Hindernis: Sperre, Blockade, Hürde, Barriere, Schwierigkeit, Problem ...

ÜBUNG 7 S. 84

Christian: „Mist, so 'ne Chance ...!"
Pia: „Super, jetzt kann ich ...!"
Laura: „Da ist bestimmt ...!"
Chiara: „Hoffentlich ist ihr ...!"
Jonas: „Eigentlich hatte ich ...!"

ÜBUNG 8 S. 85

Lösungsvorschlag:

1. „Oh Mist, das wird bestimmt teuer!"
2. „Oje, die Rutsche ist aber hoch!"
3. „Da habe ich mich wohl verschnitten."
4. „Das muss es jetzt sein, sonst ist das Spiel gelaufen!"

ÜBUNG 9 S. 85

vor lauter Enttäuschung heulen – mit schlotternden Knien ankommen – in klirrender Kälte erfrieren – mit rasanter Geschwindigkeit brausen – vor Aufregung starkes Herzklopfen haben – keinen Finger krumm machen – mit ohrenbetäubender Lautstärke kreischen – einen bitterbösen Blick zuwerfen

ÜBUNG 10 S. 86

1. sich täuschen lassen, auf jemanden hereinfallen
2. genau hinhören, neugierig lauschen
3. schlagfertig sein, gut reden können
4. etwas plötzlich, unerwartet und heimlich tun
5. jemanden haben, dem man vertrauen kann

ÜBUNG 11 S. 86

Wetter: diesig, neblig, frostig, heiter, schön, heiß
Mittagessen: lecker, würzig, teuer, reichhaltig, heiß, versalzen
Briefträger: fröhlich, heiter, munter, spindeldürr, schön, blond
Traumschloss: prachtvoll, schön, teuer, gläsern
Radrennen: heiter, munter, schön, spannend, umkämpft, anstrengend

ÜBUNG 12 S. 87

Lösungsvorschlag:

Gestern ist mir etwas ganz Seltsames passiert. Als ich kurz vor dem Mittagessen zu unserem Briefkasten ging, traf ich unseren Briefträger. Er, der sonst immer so griesgrämig und böse blickte, war fröhlich und heiter und lud mich ein, mit ihm an einem Radrennen teilzunehmen. Trotz des frostigen und nebligen Wetters schwang ich mich auf mein Rad und wir fuhren zum Start an der Colman-Brücke. Dort waren bestimmt schon hundert Teilnehmerinnen und Teilnehmer versammelt. Das Ziel war die Olfrather Mühle am anderen Ende der Stadt. Für die ersten zehn Gewinner gab es einen teuren MP3-Player. Nach dem Startschuss radelten wir in hohem Tempo in Richtung Stadtwald. Wegen des diesigen Wetters mussten wir darauf achten, nicht auf die vor uns Radelnden aufzufahren. Als wir den Stadtwald erreichten, hatten wir den Anschluss an die haushoch überlegenen Spitzenreiter bereits verloren. Bis dahin schien mir noch alles ganz normal, aber als wir dann an einem gläsernen Traumschloss vorbeikamen, war ich schon nicht mehr ganz so munter. Ein spindeldürrer Mann winkte uns aus einem Fenster zu und machte uns klar, dass wir ins Schloss kommen sollten. Wir betraten eine prachtvolle Eingangshalle und wurden in einen schönen Speisesaal geleitet. Dort erwartete uns eine ausgelassene Gesellschaft, die an einem reichhaltig gedeckten Tisch saß. Wir nahmen an der Tafel Platz. Eine Schar von Dienern reichte uns würzige und wohlriechende Speisen. Mein Tischnachbar erzählte mir Witze, über die wir schallend lachen mussten. Wir amüsierten uns prächtig. Satt und zufrieden verließen wir das Schloss nach mehreren Stunden. Gestärkt machten wir uns auf zum Ziel. Dabei gelang es uns, die übrigen Teilnehmer und Teilnehmerinnen zu überholen und unter den ersten zehn ins Ziel zu gelangen. So erhielten wir auch noch einen Preis und fuhren danach beschwingt und glücklich heim. Das war sicher eines meiner spannendsten Abenteuer! Nach diesem anstrengenden Wettkampf hatte ich so einen Hunger, dass mir sogar der Erbseneintopf meiner Mutter schmeckte, obwohl er – wie immer – mörderisch heiß und dazu noch versalzen war.

ÜBUNG 13 **S. 89**

1. Sommer
2. Willi
3. Mann

ÜBUNG 14 **S. 89**

Bild a: der Hund ist nicht da; alle fragen sich, wo er geblieben ist
Bild b: er bekommt eine Wurst
Bilder c und d: die Familie ist an ihrem Urlaubsort angekommen, der Vater holt die Koffer aus dem Wagen und bringt sie ins Zimmer, der Hund läuft weg
Bild e: an einen Würstchenstand, weil er Hunger hatte
Bild f: sie läuft durch den Ort, am Straßenrand steht ein Mann

ÜBUNG 15 **S. 89**

d → c → a → f → e → b

ÜBUNG 16 **S. 90**

Sorge: Kummer, Last, Not, Traurigkeit, Ratlosigkeit, Verzweiflung, Unruhe
Freude: Glücksgefühl, Begeisterung, Jubel, Zufriedenheit, Erleichterung
Hunger: Magenknurren, Appetit, Heißhunger, Kohldampf

ÜBUNG 17 **S. 90**

Bild c: „Super, endlich angekommen!" – „Und wo ist mein Bett?" – „Das wird bestimmt ein toller Urlaub!"
Bild a: „Wo ist Bello?" – „Ist er nach der letzten Rast wieder eingestiegen?" – „Wir müssen ihn unbedingt suchen!"
Bild f: „Jetzt sind wir schon durch den ganzen Ort gelaufen, wo ist er nur?" – „Sollen wir nicht mal bei der Polizei nachfragen?" – „Hoffentlich finden wir ihn wieder!"

ÜBUNG 18 **S. 90**

Unser Bello ist wirklich ein schlaues Hündchen. Als wir letzten Sommer nach siebenstündiger Fahrt endlich in den Bergen ankamen, waren wir alle froh, am Ziel zu sein. Während wir die Koffer ins Hotelzimmer trugen, hüpfte Bello unbemerkt aus dem Wagen. Wir waren glücklich über unser schönes Zimmer und räumten sofort unsere Koffer aus. Plötzlich fiel mir auf, dass Bello gar nicht da war. Ich erschrak und auch meine Eltern waren besorgt. Sofort ließen wir alles stehen und liegen und gingen ins Dorf. Wir riefen nach Bello und guckten überall nach. Da entdeckte ich unseren Hund, der mit hängender Zunge an der Theke von Willis Wurstbude stand. Offensichtlich war er durch den Geruch angezogen worden und bettelte nun um ein Würstchen. Unser Bello hatte so großen Hunger, dass er sich selbstständig auf die Suche nach etwas Essbarem gemacht hatte. Ich kaufte ihm also ein Würstchen und Bello war erst einmal zufrieden.

Klassenarbeiten

AUFGABE 1 S. 91

1. c **2.** f **3.** d **4.** b **5.** g **6.** a **7.** e **8.** h
Einleitung: c, f
Hauptteil: d, b, g, a
Schluss: e, h

AUFGABE 2 S. 91

Ergänzung in dieser Reihenfolge:
orangefarbenen – freudig – wunderschön blühenden – neu verputzte – gelb gestrichenen – durchdringende – großer – besorgt blickende – zügig

AUFGABE 3 S. 92

Die richtige Reihenfolge:
2, 7, 13, 9, 11, 15, 14, 4, 12, 6, 1, 5, 10, 3, 8

AUFGABE 4 S. 92

Lösungsvorschlag:
Gestern Abend spielten wir „Das Nilpferd auf der Achterbahn". Als Erstes bekam meine Schwester die Aufgabe, rückwärts auf einem Bein um den Tisch zu hüpfen. Danach musste mein Vater ein Lied gurgeln, das wir erraten sollten. Er sang „Hänschen klein", sodass wir aus vollem Halse lachten. Schließlich war ich an der Reihe und musste fünf Begriffe nennen, die mit C anfangen. Die anderen rieten mit und halfen mir. Nachdem wir gegen 22 Uhr aufgehört hatten zu spielen, fielen wir todmüde ins Bett.

AUFGABE 5 S. 93

Lösungsvorschlag:
2. ziemlich: Ich bekam riesige Angst. **sehr:** Ich dachte, gleich ist es vorbei!
3. ziemlich: Er begann mir wirklich auf die Nerven zu gehen. **sehr:** Ich wurde rasend vor Zorn!
4. ziemlich: Mir rutschte das Herz in die Hose! **sehr:** Ich wusste nicht mehr ein noch aus vor lauter Angst.

AUFGABE 6 S. 93

Lösungsvorschlag:
So etwas ist mir aber auch noch nie passiert. Obwohl ich gut auf die Mathearbeit vorbereitet war und mich auch putzmunter gefühlt habe, muss ich die Arbeit in der nächsten Woche nachschreiben. Warum?
Als gestern der Wecker klingelte, bin ich wie immer nur mühsam aus dem Bett gekommen, aber nach dem Duschen war ich endlich wach. Ich ging also zum Frühstück und machte mich dann fertig für den Schulweg. Kaum war ich auf der Straße, fiel mir ein, dass ich noch einmal nach meinem Matheheft gucken sollte. Die Beyer, meine Lehrerin, ist nämlich eine ganz Strenge, mit der verscherzt man es sich am besten nicht. Und klar: Ich hatte es vergessen! Ich bin also wie der Blitz zurück ins Haus gerannt, in mein Zimmer. Zum Glück fand ich das Heft gleich! Aber dann entdeckte ich noch etwas: Pucki, mein Meerschweinchen, war irgendwie entwischt! Ich suchte es im ganzen Zimmer, bis ich es gefunden hatte. Es hatte sich unter meinem Bett verkrochen, dort konnte es unmöglich den ganzen Tag bleiben. Aber wie sollte ich es wieder aus seinem Versteck locken? Ich probierte es mit Pfeifen und mit gutem Zureden: „Pucki-Schnucki, komm doch raus!" Aber nichts half. Dann kam ich darauf, es mit seiner Lieblingsspeise zu füttern. Ich rannte also in den Keller und schaute nach, ob im Gemüseregal noch eine Schlangengurke zu bekommen war, Glück gehabt! Dann in die Küche: Es musste etwas von dem Nussmus, das meine Mutter immer zum Backen gebrauchte, her. Auch das war zum Glück kein Problem. Kaum hatte ich Pucki die Gurkenscheiben mit Nussmus angebo-

ten, kam er auch schon unter dem Bett hervor, ließ sich ohne Weiteres einfangen und zurück in den Käfig sperren.
Ich bin wieder losgerannt, um noch einigermaßen pünktlich zur Mathearbeit zu kommen, aber natürlich war der Bus schon weg. Das hieß: eine halbe Stunde Verspätung. Sicher hat Frau Beyer meine Geschichte für eine ganz faule Ausrede gehalten und wahrscheinlich wird die Arbeit nächste Woche viel schwieriger. Aber hätte ich Pucki im Stich lassen sollen?

AUFGABE 7 **S. 94**
Lösungsvorschlag (als Beispiel ist eine Idee ganz ausgearbeitet):
Ich war in einer Backstube. Plötzlich sah ich ein menschliches Wesen, das sich auf ganz seltsame Art bewegte. Dieses begann zu sprechen, denn es wollte mit mir spielen.

AUFGABE 8 **S. 94**
1. Ich rieche den Duft von frisch gebackenen Mandelhörnchen.
2. Ich höre, wie das menschliche Wesen einen Fuß nachzieht und wie das Feuer im Backofen knistert.
3. Ich sehe eine gebückte Gestalt, die sich im Halbdunkel der nur von wenigen Kerzen erleuchteten Backstube mühsam bewegt.

AUFGABE 9 **S. 94**
grün lackierte Fingernägel, pinkfarbene Augen, bis zur Erde reichende Arme

AUFGABE 10 **S. 95**
„Gut, dass du kommst! Ich hatte schon lange keinen Besuch mehr und freue mich, dass ich endlich mal wieder jemanden habe, mit dem ich Mühle spielen kann."

AUFGABE 11 **S. 95**
rufen, stammeln, drohen, jammern, entgegnen, zurechtweisen

AUFGABE 12 **S. 95**
Mühlespiel wird zum Duell über Leben und Tod.

AUFGABE 13 **S. 95**
Als er gerade den drittletzten Mühlestein nahm, klingelte ...

AUFGABE 14 **S. 95**
Lösungsvorschlag:
Langsam öffnete ich die knarrende Tür zur Backstube. Ich war sehr gespannt, was sich dahinter verbarg. Der schiefe Schornstein und die Spinnweben im Türrahmen ließen darauf schließen, dass schon lange niemand mehr durch diese Tür gegangen war. Meine Augen mussten sich erst an das Halbdunkel des Raumes gewöhnen. Als Erstes sah ich das hell lodernde Feuer im Backofen, dessen Tür ein wenig offen stand. Dann nahm ich plötzlich diesen wohlriechenden Duft von frisch gebackenen Mandelhörnchen wahr. Das Wasser lief mir im Mund zusammen. Doch plötzlich kam hinter einem Holzregal ein gebückter Mensch hervor, der die Kapuze seines braunen Umhangs tief ins Gesicht gezogen hatte. Das Wesen begann zu sprechen und zog die Kapuze ein wenig zurück. Ein hintergründiges Lächeln huschte über sein Gesicht: „Gut, dass du kommst!", rief es. „Ich hatte schon lange keinen Besuch mehr und freue mich, dass ich endlich mal wieder jemanden habe, mit dem ich Mühle spielen kann. Du kennst das Spiel doch, oder? Ich bringe es dir sonst schnell bei!", drohte es. Erfreut, seine Arbeit unterbrechen zu können, setzte sich das Wesen, dessen Fingernägel grün lackiert waren, an einen einfachen Holztisch, an dem zwei dreibeinige Hocker standen. Erst jetzt konnte ich in seine pinkfarbenen Augen blicken.
Mit seinen bis zur Erde reichenden Armen holte es ein Mühlespiel aus einer Schublade und wies mir die schwarzen Steine zu. Ich muss ratlos ausgesehen haben, denn sofort fragte es mich drohend: „Muss ich dir die Spielregeln etwa erst erklären?" „Nein, nein!", entgegnete ich

sofort. Irgendwie würde ich mich an die Regeln, die mir meine Großmutter beigebracht hatte, schon schnell erinnern. Nachdem mein Gegner die ersten Steine gesetzt hatte, murmelte er beiläufig, dass ich im Falle eines Sieges das Backhaus wieder lebendig verlassen könnte, andernfalls sei mein Tod vorherbestimmt.
Mir lief es kalt über den Rücken. War ich gut genug, um in diesem Spiel bestehen zu können? Nachdem wir alle unsere Steine gesetzt hatten, schlossen wir schnell immer wieder Mühlen und nahmen dem Gegner Spielsteine ab. Die pinkfarbenen Augen meines Gegenspielers blickten mich dabei funkelnd und siegessicher an. Schließlich hatte er die Gelegenheit, mit seinen drei Steinen zu springen, meine Spielzüge zu blockieren und mir Steine abzunehmen. Wie würde ich es schaffen, doch noch zu siegen? Ich schwitzte und meine Haare klebten im Nacken. Meine Lage wurde immer aussichtsloser. Ich hatte noch drei Spielsteine. Noch einer weniger und mein Leben wäre zu Ende. Ich wagte es kaum mehr, auf das Spielbrett zu sehen. Als er gerade meinen letzten Mühlestein nahm, klingelte der Wecker und ich musste schleunigst aufstehen, damit ich nicht zu spät zur Schule kam.

6 Beschreiben

ÜBUNG 1 S. 97

1. Satz b) ist der beste, weil der Gegenstand genau benannt wird.
2. Satz b) ist der beste, weil erwähnt wird, dass eine Bratpfanne beschrieben wird.
3. Satz c) ist der beste, weil die Inlineskates genauer beschrieben werden.

ÜBUNG 2 S. 98

Reihenfolge (von oben nach unten):
1=f, 2=i, 3=d, 4=h, 5=a, 6=c, 7=g, 8=b, 9=e

ÜBUNG 3 S. 98

Lösungsvorschlag:
ein Paar Inlineskates. – Die Inlineskates sind rot, orange und blau. – Jeder Inlineskate hat vier hintereinander angeordnete Rollen. – Durch einen hinten angebrachten Bremsstopper kann man bremsen. – Mit der weißen Schnalle lässt sich die Weite des Schuhs verstellen.

ÜBUNG 4 S. 99

eine Schreib- und Maltafel für Kinder – Die Tafel ist insgesamt 1,19 Meter hoch ... – Sie ist aus schwarzem Material hergestellt ... – Um die Schreibfläche herum ist ein Rahmen ... – Auf der Höhe von etwa 45 Zentimetern befindet sich ... – Diese Schreib- und Maltafel scheint besonders für Kinder ...

ÜBUNG 5 S. 100

1. Ein reguläres Fußballfeld ist 105 m lang und 75 m breit.
2. Opa Hermann hat drei Töchter, zwei Söhne und 14 Enkelkinder.
3. Zu meinem Geburtstag kommen sieben Gäste und es gibt vier Torten.

ÜBUNG 6 S. 100

a) **1.** Schreibtischleuchte **2.** lackiertes Metall **3.** schwarz **4.** verstellbarer Leuchtenkopf **5.** Beleuchtung von Arbeitsplätzen, insbesondere Schreibtischen

b) 1. rund (flacher Zylinder) – Durchmesser: ca. 20 cm, Höhe: etwa 3 cm **2.** flexibler Arm aus Metall, Länge: ca. 40 cm **3.** glockenförmig – Durchmesser an der breitesten Stelle: ca. 15 cm
c) Ich beschreibe eine Schreibtischleuchte.
Sie besteht aus dunkel lackiertem Metall. Die Lampe steht auf einem zylindrischen Fuß, der einen Durchmesser von etwa 20 cm und eine Höhe von etwa 3 cm hat. Auf diesem Fuß ist auf einer Erhöhung ein flexibler, ca. 40 cm langer Arm befestigt. Der Leuchtenkopf kann damit in viele verschiedene Positionen gebracht werden. Der Arm trägt den eigentlichen Leuchtenkopf, der in derselben Farbe lackiert ist und die Form einer Glocke hat. An seiner breitesten Stelle misst der Leuchtenkopf etwa 15 cm.

ÜBUNG 7 S. 102
1. Vor mir liegt ein Bild, auf dem eine etwa 45 Jahre alte Frau abgebildet ist, die mit ihrer rechten Hand einen Schrankgriff anfasst.
2. Auf dem Bild ist eine Frau im Alter von etwa 35 Jahren zu sehen, die auf einem Rasen vor einem Holzgebäude steht.
3. Auf dem vor mir liegenden Bild sehe ich einen etwa 30-jährigen Mann, der einen blauen Wanderanorak und einen Rucksack trägt.
4. Im Folgenden beschreibe ich einen etwa zwölfjährigen Jungen, der ein buntes Ringel-T-Shirt und eine blaue Jeans trägt.

ÜBUNG 8 S. 102
Bild 1 (Frau, 45 Jahre): 1, 5, 6, 16
Bild 2 (Frau, 35 Jahre): 3, 10, 11, 13, 15
Bild 3 (Wanderer): 4, 8, 9, 14
Bild 4 (Junge): 2, 7, 12

ÜBUNG 9 S. 103
Bild 1: elegante Kleidung – ein kleines Lächeln
Bild 2: sommerliche Freizeitkleidung – dunkle, nackenlange Haare, die ins Gesicht fallen
Bild 3: trägt großen, rotbraunen Rucksack mit Metallgestell – blauer Wanderanorak

ÜBUNG 10 S. 103
Bild 1: elegante Dame
Bild 2: Frau im Sommerurlaub
Bild 3: junger Mann auf Wanderung

ÜBUNG 11 S. 104
a) männlich; 13 Jahre; 1,60 m; längliches Gesicht, breite Nase, schmale Lippen; etwas missmutiger Gesichtsausdruck, Mütze tief ins Gesicht gezogen; schlanker Körperbau, rechter Arm angewinkelt, Handfläche nach oben ausgestreckt, rechtes Bein angewinkelt; hellgraue Mütze, roter Anorak mit weißen Streifen und grauen Schultern, hellgraue Hose, dunkle Lederschuhe, an der rechten Hand einen hellgrauen Handschuh, in der linken Hand den anderen Handschuh
b) Im Folgenden beschreibe ich einen 13-jährigen Jungen.
c) Der Junge hat einen länglichen Kopf. Da er ernst schaut, wirken die Lippen eher schmal. Der Mund ist geschlossen. Er trägt eine graue Wollmütze, die Haare und Ohren vollständig bedeckt.
Der Gesichtsausdruck lässt vermuten, dass der Junge im Moment nicht gut gelaunt ist. Er geht auf einer regennassen Straße. Der Junge hat die rechte Hand nach vorne gestreckt. An dieser Hand trägt er einen grauen Fingerhandschuh. Die linke Hand lässt er baumeln, sie hält den anderen Handschuh. Der Junge ist mit einem roten Anorak bekleidet, der im Brustbereich und an den Amen einen weißen Streifen hat. Im Schulterbereich ist er grau abgesetzt. Der Reißverschluss ist geschlossen und durch eine Leiste verdeckt. Er hat eine hellgraue Hose an mit einer aufgesetzten Tasche in Höhe des linken Knies. An den Füßen trägt er feste dunkle Schuhe.
d) Der Junge wirkt auf mich ein wenig missmutig, vielleicht wegen des Regens.

ÜBUNG 12 S. 106
Ergänzung in dieser Reihenfolge:
Zuerst – anschließend – daraufhin – nun – danach – im Anschluss daran – zum Schluss

ÜBUNG 13 S. 106

1. Einkaufen: Ware bezahlen
2. CD abspielen: Musik hören
3. Schuhe putzen: Schuhputzzeug holen
4. Hausaufgaben machen: Aufgabenstellung lesen / Aufgabe gründlich vorbereiten

ÜBUNG 14 S. 106

Lösungsvorschlag:
Zunächst werden die Kartoffeln gewaschen, geschält und in Scheiben geschnitten. Im Anschluss daran gibt man etwa 20 ml Öl in eine Pfanne und erhitzt dieses. Die Kartoffelscheiben werden in das heiße Öl gegeben. Danach kann man die Kartoffeln nach Geschmack mit Salz, Pfeffer oder Paprika würzen. Die Kartoffelscheiben werden bei großer Hitze goldgelb gebraten, dabei sollten sie von Zeit zu Zeit gewendet werden.

ÜBUNG 15 S. 107

1. Kuchen backen: **a)** Zutaten einkaufen **b)** Teig rühren **c)** Ofen vorheizen **d)** Form in den Ofen schieben
2. Halma spielen: **a)** Spielesammlung hervorholen **b)** Spielbrett auf den Tisch legen **c)** Spielfiguren aufstellen **d)** den ersten Spielzug machen
3. Elfmeter schießen: **a)** Ball nehmen **b)** auf den Punkt legen **c)** Anlauf nehmen **d)** Tor erzielen
4. Fahrkarte kaufen: **a)** zum Automaten gehen **b)** Fahrziel aussuchen, Fahrpreis herausfinden **c)** Geld einwerfen **d)** Fahrkarte entnehmen

ÜBUNG 16 S. 108

Ergänzung in dieser Reihenfolge:
Bodenstaubsauger – 80 cm langen, 40 cm breiten und 30 cm hohen – durch drei an der Unterseite angebrachte Rollen – durch einen etwa 1 m langen, biegsamen Schlauch – auf der Oberseite des Saugfußes – zum Tragen des Staubsaugers – zum Einstellen der Saugkraft – ein Motor im Inneren des Bodengeräts – auf den Bodensauger – durch das Saugrohr und den Saugschlauch

ÜBUNG 17 S. 109

Lösungsvorschlag:
Um das Gerät ein- und auszuschalten, drücken Sie lange (mindestens drei Sekunden) auf Knopf A. Mit einem kurzen Druck auf Knopf A starten Sie den ersten Titel. Um das Gerät auf „Pause“ zu stellen, drücken Sie erneut kurz auf Knopf A.
Um zum vorhergehenden Titel zu gelangen, drücken sie kurz auf Knopf B. Drücken Sie lange (mindestens drei Sekunden) auf Knopf B, um die Lautstärke zu senken.
Mit einem kurzen Druck auf Knopf C gelangen Sie zum nächsten Titel. Drücken Sie lange (mindestens drei Sekunden) auf Knopf C, um die Lautstärke zu steigern.
Mit einem kurzen Druck auf Knopf D starten Sie das Gerät neu.
Es könnte sich z. B. um einen CD-Player oder einen MP3-Player handeln.

Klassenarbeiten

AUFGABE 1 S. 110

1. Gefühle vermitteln gehört zum Erzählen, nicht zum Beschreiben.
2. Handlungsanweisung gehört zur Vorgangsbeschreibung, die anderen Begriffe zur Personenbeschreibung.
3. Allgemeine Erscheinung gehört zur Personenbeschreibung, die anderen Begriffe zur Vorgangsbeschreibung.
4. Spannung erzeugen gehört zum Erzählen, nicht zum Beschreiben.

AUFGABE 2 S. 110

Vorbereitung: Reise buchen, Grammatik pauken, Gitarre stimmen
Durchführung: mit der Bahn fahren, bei der Klassenarbeit konzentriert arbeiten, vor großem Publikum auftreten
Ergebnis: Erholung pur genießen, gute Note bekommen, riesigen Applaus ernten

AUFGABE 3 **S. 111**

1. Der abgebildete Mann trägt außergewöhnlich bunte Kleidung.
2. Zunächst gibt man 20 Gramm Butter in die Pfanne und lässt sie bei geringer Hitze zergehen.
3. Das Handy ist sehr vielseitig, außer als Telefon kann man es auch als Digitalkamera, Notizbuch und Terminkalender sowie für SMS nutzen.

AUFGABE 4 **S. 111**

Diese Sätze gehören zusammen:
Ich beschreibe jetzt mein **Lineal**. Es ist ein flacher Gegenstand aus Holz. Es ist 4 mm hoch, etwa 3 cm breit und etwas mehr als 20 cm lang. An der oberen Seite hat es eine Skala, auf die im Abstand von je 1 cm etwa 9 mm lange senkrechte Striche, im Abstand von je 0,5 cm etwa 0,6 mm lange senkrechte Striche und im Abstand von je 1 mm etwa 3 mm lange senkrechte Striche markiert sind. Außerdem sind die Zahlen von 0 bis 20 aufgedruckt. Man benutzt diesen Gegenstand zum Abmessen kleinerer Strecken bzw. zum Ziehen gerader Linien.
Vor mir liegt ein **Tintenlöscher**. Er ist ein zylinderförmiger Gegenstand aus Kunststoff. Er hat einen Durchmesser von etwa 1 cm und eine Länge von etwa 18 cm. An der einen Seite ist eine etwa 2,5 cm lange blaue Kappe auf diesen Gegenstand gesteckt, auf der anderen Seite steckt eine weiße Kappe, die in Form und Größe mit der blauen identisch ist. Man benutzt diesen Gegenstand zum Korrigieren von Schreibfehlern.

AUFGABE 5 **S. 112**

Lösungsvorschlag:
Im Folgenden beschreibe ich eine Schreib- und Maltafel aus Kunststoff für Kinder. Die Tafel ist etwa 1,30 m hoch und 65 cm breit. Die vier weißen Stützen sind in der Höhe verstellbar. Das blau umrandete weiße Mal- und Schreibfeld misst 50 x 55 cm. Auf ihm kann nur mit einem Spezialstift geschrieben werden. Unter dem Schreibfeld befindet sich auf der ganzen Breite eine Plastiktasche zur Aufbewahrung des Stiftes und des Putztuches.
Diese Schreibtafel eignet sich für Kinder im Vor- und Grundschulalter.

AUFGABE 6 **S. 112**

Zutaten: 500 ml Milch, 3 Esslöffel Zucker, 1 Päckchen Puddingpulver, 1 Ei
Arbeitsschritte: 1. 50 ml Milch abmessen – **2.** Ei trennen – **3.** Puddingpulver mit der Milch und dem Eigelb glattrühren – **4.** Eiweiß zu Eischnee schlagen – **5.** die restliche Milch mit dem Zucker aufkochen – **6.** wenn sie kocht, von der Herdplatte nehmen – **7.** das in der Milch gelöste Puddingpulver hinzugeben – **8.** gründlich umrühren – **9.** wieder auf die Herdplatte stellen und kurz aufkochen (bis der Pudding blubbert) – **10.** in eine Schüssel geben – **11.** Eischnee vorsichtig unterheben – **12.** Pudding abkühlen lassen
Lösungsvorschlag Vorgangsbeschreibung:
Um einen leckeren Pudding zu kochen, braucht man 500 ml Milch, 3 Esslöffel Zucker, 1 Päckchen Puddingpulver und 1 Ei.
Zunächst misst man von der Milch 50 ml ab und trennt das Ei. Das Puddingpulver rührt man mit dem kleinen Teil der Milch und dem Eigelb glatt. Das Eiweiß schlägt man zu Eischnee. In die restliche Milch rührt man den Zucker und kocht sie auf. Wenn die Milch kocht, nimmt man sie von der Herdplatte, gibt das gelöste Puddingpulver dazu und rührt es gründlich um. Nun stellt man den Topf wieder auf den Herd und kocht den Pudding noch einmal kurz auf. Wenn der Pudding blubbert, kann man ihn von der Herdplatte nehmen und in eine Schüssel geben. Zum Schluss hebt man den Eischnee unter und lässt den Pudding abkühlen.

7 Umgang mit Texten

ÜBUNG 1 S. 114

1. die Schafe **2.** am Bart und am Geruch **3.** in den Gebirgen des Mittleren Ostens und Zentralasiens **4.** von den Wildziegen **5.** für ihr weiches, warmes Fell **6.** der Steinbock

ÜBUNG 2 S. 114

Madrid: Hauptstadt, Millionen, Einwohner, Jahrhundert
Kästner: geboren, gestorben, deutsch, humorvoll
Märchen: fantastische, Erzählung, zwischen, Wirklichkeit

ÜBUNG 3 S. 115

Moslem: Gläubiger des Islam
Palästina: Bezeichnung für das Gebiet zwischen Mittelmeer und Jordan, in dem der Geburts- und der Sterbeort Jesu liegen
organisieren: einrichten, aufbauen, planen, gestalten
Orient: zu lateinisch oriens = aufgehende Sonne; der Raum der vorderasiatischen Hochkulturen und die islamischen Länder im Nahen Osten und in Nordafrika

ÜBUNG 4 S. 115

Die beiden wichtigsten Sätze:
Die Katzen oder Raubkatzen umfassen ungefähr 40 Arten aus der Gruppe der Raubtiere. – Die europäische Wildkatze unterscheidet sich besonders durch ihre Größe von der Hauskatze, die von der afrikanischen Falbkatze abstammt.

ÜBUNG 5 S. 116

1. falsch **2.** falsch **3.** falsch **4.** richtig **5.** richtig **6.** falsch **7.** richtig

ÜBUNG 6 S. 117

Breiten- und Längengrad – Lage eines Ortes – Breitengrad, wie weit vom Äquator entfernt – Äquator, null Grad – südliche, nördliche Halbkugel

ÜBUNG 8 S. 117

... um sich einmal um die **Sonne** zu drehen. Ein Jahr umfasst genau **365 Tage** und sechs Stunden. ... Alle vier Jahre fassen wir die **Vierteltage** zu einem **Schalttag** zusammen. Ein solches **Schaltjahr** hat dann 366 Tage. Darum gibt es nur alle vier Jahre einen **29. Februar.**
... die Ägypter die **Länge** des Jahres. Sie bemerkten, dass der **Nil** stets die Ufer überflutete ...

ÜBUNG 10 S. 120

1. Ankerplatz vor dem Hafen
2. festmachen
3. Gesichtsausdruck
4. Wohn- und Aufenthaltsraum auf Schiffen
5. Mastbäume absägen
6. ein Loch haben
7. rückwärts
8. tapfer
9. Seil mit einem Schwimmkörper
10. das Seil fangen

ÜBUNG 11 S. 120

Ergänzung in dieser Reihenfolge:
ihren Segelmast abschneiden mussten – unterging – ziellos auf dem Meer herumtrieben – schlug leck – alle Matrosen – das eindringende Wasser – Kapitän – ein Hilfsboot – durch energisches Rudern – gesamten Mannschaft des Schiffs – nur kurze Zeit – sank

ÜBUNG 12 S. 121

Lösungsvorschlag:
Zu Beginn liegt das Schiff an einem Ankerplatz. Dann kommt ein Sturm auf. Dabei werden mehrere andere Schiffe beschädigt. Auch das Schiff von Robinson Crusoe schlägt leck. Deshalb werden alle Matrosen an die Pumpen gerufen. Außerdem lässt der Kapitän Notschüsse abfeuern. Glücklicherweise kommt ein Hilfsboot, das die Mannschaft des Schiffes aufnimmt. Zum Schluss sinkt das Schiff, auf dem Robinson sich vorher befunden hat.

ÜBUNG 13 S. 121

1. wie ein wild gewordenes Tier.
2. waren auf das Schlimmste gefasst.
3. forderte seine ganze Kraft.
4. als Rettung in letzter Minute.
5. mit schwankenden Knien

ÜBUNG 14 S. 121

Lösungsvorschlag:

Robinson Crusoe lag mit dem Schiff, auf dem er arbeitete, vor dem Hafen von Yarmouth fest, als ein Sturm aufkam, der immer heftiger und bedrohlicher wurde. Der Kapitän hatte solche Angst um das Schiff, dass er leise vor sich hin sagte: „Gott sei uns gnädig! Wir sind alle verloren." Die Schiffe in der näheren Umgebung waren bereits schwer beschädigt oder untergegangen, als auch auf seinem Schiff ein Leck und vier Fuß Wasser im Schiffsraum entdeckt wurden. Schnell wurde ein Pumpdienst organisiert und auch Crusoe, der sonst nicht viel helfen konnte, wurde geweckt, um mit anzupacken. Als klar wurde, dass das Wasser immer weiter stieg, wurden Notschüsse als Hilferuf abgegeben. Trotz äußerster Gefahr kam ein Boot so nahe an das Schiff heran, dass die gesamte Mannschaft gerettet werden konnte. Schon eine Viertelstunde, nachdem sie in das zur Hilfe geeilte Boot umgestiegen waren, ging das eigene Schiff unter.

ÜBUNG 15 S. 123

Lösungsvorschlag:

Leben: geben, Streben, vergeben, weben, erleben, Reben
Wellen: Stellen, fällen, Fellen, Quellen, bellen, Rebellen
sagen: fragen, tragen, plagen, klagen, Behagen, Magen
reisen: weisen, speisen, leisen, umkreisen, Meisen, Ameisen
auch: Bauch, Schlauch, Rauch, Lauch, Strauch, Hauch

ÜBUNG 16 S. 123

Frühling lässt sein blaues Band
Wieder flattern durch die Lüfte;
Süße, wohlbekannte Düfte
Streifen ahnungsvoll das Land.
Veilchen träumen schon,
Wollen balde kommen.
– Horch, von fern ein leiser Harfenton!
Frühling, ja du bist's!
Dich hab ich vernommen!

Im Nebel ruhet noch die Welt,
Noch träumen Wald und Wiesen:
Bald siehst du, wenn der Schleier fällt,
Den blauen Himmel unverstellt,
Herbstkräftig die gedämpfte Welt
In warmem Golde fließen.

ÜBUNG 17 S. 123

Lösungsvorschlag:

Yanik: „Ich möchte gerne Hähnchen, das kann ich dann mit den Fingern essen."
Angie: „Oh nee, ich möchte es lieber etwas feiner haben. Wie wärs mit dem Italiener um die Ecke?"
Pia: „Aber ich möchte am liebsten Pommes mit Ketschup!"
Vater: „Dann gehen wir also in die Pommesbude?"
Mutter: „Nein, das kommt nicht infrage! Ich möchte einmal gemütlich mit euch zusammensitzen und nicht im Stehen essen."

ÜBUNG 18 S. 124

Reihenfolge der Regieanweisungen:
2, 6, 7, 1, 4, 8, 5, 3

ÜBUNG 19 **S. 124**

Lösungsvorschlag:

Es war einmal ein Bauerntölpel, der in einem kleinen Dorf lebte. Eines Tages sagte er zu sich selbst, dass ihm sein Leben zu langweilig sei und er sich auf die Suche nach einem großen Schatz machen wolle. Darum ging er in die weite Welt hinaus. Jedem, den er auf seinem Weg traf, erzählte er von seinem Vorhaben und alle blickten ihn ungläubig an. Dann aber traf er einen Schornsteinfegergesellen, der ihm von einem verschlafenen Dorf erzählte, durch das er soeben gezogen war. In diesem Dorf, so sagte der Geselle, gebe es eine alte Mühle und unter dem Mühlstein sei ein Schatz versteckt. Frohen Mutes machte sich der Bauernjunge auf den Weg ins Dorf und schon von Weitem sah er die Mühle. Tölpelhaft wie er war, hatte er jedoch nicht daran gedacht, dass man einen Mühlstein nicht einfach bewegen kann. Also saß er auf dem Mühlstein und ließ seinen Blick schweifen. Dabei entdeckte er einen goldenen Schlüssel, der jedoch ganz von Staub bedeckt war. Als er diesen Schlüssel in das Schloss am Mühlstein steckte, hob sich dieser wie von Zauberhand ein wenig in die Höhe und er konnte den Schatzbeutel herausziehen. Und tatsächlich befanden sich darin hundert Dukaten! Mit seinem Schatz machte er sich wieder auf zu seinen Eltern. Unterwegs kaufte er von dem Geld Milch, Brot und Honig, denn er wusste, dass seine alte Mutter sich sehr darüber freuen würde. Er bemerkte bald, dass sich auch nach seinem Einkauf noch hundert Dukaten in seinem Schatzbeutel befanden, also kaufte er auch noch Fleisch und Wein für seinen Vater. Als er nach Hause kam, gab es ein großes Festmahl. Der Bauerntölpel aber behielt sein Geheimnis für sich, niemandem erzählte er von seinem wunderbaren Schatzbeutel. Und so waren er und seine Eltern glücklich und zufrieden bis ans Ende ihrer Tage. Und wenn sie nicht gestorben sind, dann leben sie noch heute.

Klassenarbeiten

AUFGABE 1 **S. 125**

Mai – Bienen – Bienenhaus – Tageszeit
Tal – wiege – nieder – Ruh

AUFGABE 2 **S. 125**

1. für die Biegsamkeit der Knochen
2. wenn er richtig zusammengefügt ist
3. in den Röhrenknochen

AUFGABE 3 **S. 126**

Lösungsvorschlag:

Es war einmal ein armes Mädchen, das seine Eltern verloren hatte. Deshalb machte es sich auf den Weg zu seiner Großmutter. Auf dem Weg traf es einen armen Mann, der es bat, ihm sein Brot zu geben, weil er so großen Hunger hatte. Dann traf es eine Frau, der es sein Kopftuch gab, weil sie so kalte Ohren hatte. Nach einiger Zeit lief ihm ein Kind über den Weg, dem gab es sein Kleidchen, weil das Kind gar nichts anzuziehen hatte. Danach trug das arme Mädchen also nichts mehr als sein Hemdchen. So war es auch am späten Abend noch unterwegs, als plötzlich vom Himmel goldene Sterntaler fielen, die es in seinem Hemdchen aufsammelte. Und so lebte es zusammen mit seiner Großmutter noch viele Jahre glücklich.

AUFGABE 4 **S. 126**

Sachtext: klare, sachliche Sprache – knapper Text – Informationen – Fremdwörter nachschlagen – Abkürzungen auflösen – Schlüsselwörter herausschreiben
Gedicht: Reimwörter – gleich klingende Schlusssilbe – bildliche Sprache – Strophen – Verse
Dialogtext: Rollenspiel – Szene – Bühnenbild – Regieanweisungen – Kostüme
Märchen: große Aufgabe – Prinzessin – große Belohnung – wunderbare Fähigkeiten – drei Wünsche freihaben –
Fabel: Fuchs – recht kurzer Erzähltext – sprechende Tiere – Lehre vermitteln

Inhaltsverzeichnis

1 Wortarten

1.1 Substantive, Artikel und Pronomen

Substantive (Nomen) bezeichnen - Lebewesen, - Dinge, - Begriffe. Substantive werden immer **großgeschrieben.**	*Menschen:* **S**chwester – **P**olizist – **A**nna *Pflanzen:* **B**aum – **R**ose – **S**alat – **S**trauch *Tiere:* **E**ichhörnchen – **F**isch – **A**dler *Dinge:* **M**alkasten – **S**traße – **H**aus *Gefühle:* **F**reude – **Ä**rger – **G**lück *Vorstellungen:* **W**unsch – **M**einung *Vorgänge:* **E**rlebnis – **A**benteuer – **U**nfall
Viele Substantive enden auf *-tum, -heit, -keit, -schaft, -nis, -sal, -ung* oder *-ling*.	Reich**tum** – Frei**heit** – Traurig**keit** – Freund**schaft** – Ergeb**nis** – Schick**sal** – Dreh**ung** – Lieb**ling**
Der begleitende **Artikel** kann ein bestimmter oder ein unbestimmter Artikel sein.	*bestimmter Artikel:* **der** Mann **die** Schule **das** Haus *unbestimmter Artikel:* **ein** Mann **eine** Schule **ein** Haus
Der Artikel gibt das **Genus** (grammatische Geschlecht) des Substantivs an. Man unterscheidet drei grammatische Geschlechter: - **Maskulinum** (männlich) - **Femininum** (weiblich) - **Neutrum** (sächlich)	 der / ein Mann die / eine Frau das / ein Kind
Das grammatische Geschlecht stimmt manchmal nicht mit dem natürlichen Geschlecht überein. Die Substantivendung und der begleitende Artikel zeigen den **Numerus** (Anzahl) des Substantivs an. Man unterscheidet: - **Singular** (Einzahl) und - **Plural** (Mehrzahl).	**das** Mädchen *grammatisches Geschlecht: Neutrum* *natürliches Geschlecht: Femininum* *Singular:* der / ein Hund die / eine Kuh das / ein Pferd *Plural:* die Hunde die Kühe die Pferde

Substantive verändern ihre Endung, je nachdem, welche Rolle sie im Satz einnehmen. Diese Veränderung nennt man **Deklination** (Beugung).

Der Junge trifft den Ball.
Der Ball trifft den Junge**n**.

Es gibt vier **Kasus** (Fälle), die man durch Fragen bestimmen kann:
1. Fall: **Nominativ** → *Wer oder was?*
2. Fall: **Genitiv** → *Wessen?*
3. Fall: **Dativ** → *Wem?*
4. Fall: **Akkusativ** → *Wen oder was?*

Zusammen mit dem Artikel zeigt die Endung eines Substantivs den Kasus, den Numerus und das Genus an.

Nominativ: Wer oder was tut etwas?
Der Junge / **Die** Tante / **Das** Kind tut etwas.

Genitiv: Wessen Eigentum ist der Ball?
Der Ball ist Eigentum **des** Junge**n** / **der** Tante / **des** Kind**es**.

Dativ: Wem leihe ich einen Bleistift?
Ich leihe **dem** Junge**n** / **der** Tante / **dem** Kind einen Bleistift.

Akkusativ: Wen oder was treffe ich?
Ich treffe **den** Junge**n** / **die** Tante / **das** Kind.

Pronomen (Fürwörter) können stellvertretend für ein Substantiv stehen. Sie werden ebenfalls dekliniert.

Das **Personalpronomen** steht als Stellvertreter für Personen, Gegenstände, Zustände oder Sachverhalte.

Man unterscheidet zwischen der 1., 2. und 3. Person im Singular und Plural.

Personalpronomen	Singular	Plural
1. Person	**ich**	**wir**
2. Person	**du**	**ihr**
3. Person	**er / sie / es**	**sie**

Das Buch liegt hier. → **Es** liegt hier.
Die Bücher liegen hier. → **Sie** liegen hier.

Das **Possessivpronomen** gibt ein Besitzverhältnis an (deshalb auch besitzanzeigendes Fürwort genannt) oder drückt eine Zugehörigkeit aus.

Es richtet sich in seiner Form nach der Person, auf die es sich bezieht.

Possessivpronomen	Singular	Plural
1. Person	**mein / e**	**unser / e**
2. Person	**dein / e**	**euer / e**
3. Person	**sein / e** **ihr / e**	**ihr / e**

Meine Deutschlehrerin kann gut vorlesen.
Sein Geld interessiert mich nicht.

ÜBUNG 1 **Markiere die im Text verwendeten Substantive und schreibe sie mit dem bestimmten Artikel auf.**

Peter, Daniel und Eva besuchten gestern ihre Großmutter. Als die Klingel am Nachmittag schellte, war die Freude der Oma groß. Sie hatte mit viel Liebe für die Kinder einen Kuchen gebacken, ihr Haus geputzt und ihr bestes Kleid angezogen. Nun standen die drei Enkel strahlend mit ihren Geschenken vor der Tür.

ÜBUNG 2 **Markiere auch hier die Substantive und schreibe sie mit dem bestimmten Artikel auf.**

DIE JUNGEN HATTEN IHR BLUMEN MITGEBRACHT; DAS MÄDCHEN HIELT IHR EIN RIESIGES PAKET ENTGEGEN. BEHUTSAM ÖFFNETE DIE ALTE DAME DAS GESCHENK – EIN BUCH ÜBER TIERE! DEN GANZEN TAG VERBRACHTEN SIE DAMIT, IN DEM INTERESSANTEN LEXIKON ZU STÖBERN.

ÜBUNG 3 **Ordne nun die Substantive der beiden Texte in die Tabelle ein.**

Lebewesen	Dinge	Begriffe

ÜBUNG 4 **Fülle die Felder aus: Dekliniere die folgenden Substantive und ergänze die fehlenden Fachbegriffe.**

Geschlecht:				
Einzahl: Singular	1.	die Mutter	der Mann	das Kind
	2. Genitiv		des Mannes	
	3.			
	4.			
Mehrzahl:	1.			
	2.			
	3.			
	4.			

WISSEN

Substantive haben unterschiedliche Pluralendungen. Bei manchen Substantiven ändert sich im Plural nicht nur die Endung, sondern aus einem Vokal wird ein Umlaut.	der Tisch – die Tisch**e**, das Auto – die Auto**s**, die Tasse – die Tasse**n** die Wand – die W**ä**nd**e** der Ton – die T**ö**n**e** der Fuß – die F**ü**ß**e**
Es gibt auch **Ausnahmen**: Manche Substantive haben - nur den Singular bzw. nur den Plural, - unregelmäßige Pluralendungen, - mehrere Pluralendungen.	 der Ärger – die Ferien die Rhythm**en** der Globus – die Glob**en** / die Globus**se**

ÜBUNG 5 **Finde Beispiele für die verschiedenen Formen der Pluralbildung. Lege dir dazu die folgende Tabelle in deinem Übungsheft an:**

auf *-e*	auf *-(e)n*	auf *-er*	auf *-s*	mit Umlaut	wie im Singular

Fortsetzung der Tabelle im Übungsheft

ÜBUNG 6 **Bilde zu den Singularformen die passenden Pluralformen. Bedenke, dass es manchmal zwei Pluralformen gibt. Im Zweifelsfall solltest du im Wörterbuch, z.B. dem Duden, nachschlagen. Benutze dazu dein Übungsheft.**

die Pizza	die Figur	die Firma	der Spaß
der Zwieback	das Album	das Baby	die Drossel
das Messer	die Angst	der Staat	das Lexikon

ÜBUNG 7 **Suche aus dem folgenden Text alle Substantive heraus und bestimme ihr Genus und ihren Numerus. Schreibe in dein Übungsheft.**

Die Kinder waren schon lange gegangen. Die Großmutter freute sich noch immer über das schöne Geschenk und den wunderbaren Nachmittag mit ihren Enkeln. Sie überlegte, womit sie die Kinder einmal überraschen könnte. Das schöne Tierlexikon brachte sie auf eine Idee. Sie würde mit ihnen einen Ausflug in den Zoo machen.

ÜBUNG 8 **Bestimme nun den Kasus der Substantive aus Übung 7, indem du die Kasusfragen vervollständigst und beantwortest.**

1. Wer war gegangen? die Kinder Nominativ
2. Wer freute sich über das schöne Geschenk?
3. Über wen oder was freute sich die Großmutter?
4. Mit ______ verbrachte sie den Nachmittag?
5. ______ will sie überraschen?
6. ______ brachte sie auf eine Idee?
7. Auf ______ brachte sie das Tierlexikon?
8. ______ würde sie machen?

ÜBEN

ÜBUNG 9 **Setze die fehlenden Pronomen ein und schreibe in Klammern, ob es sich um ein Personalpronomen (Pers.) oder um ein Possessivpronomen (Poss.) handelt.**

In dem Jugendroman „Theo haut ab“ von Peter Härtling wird erzählt, wie der zehnjährige Theo von zu Hause wegläuft. ___ (___) verlässt ___ (___) Zuhause, weil ___ (___) Eltern sich nicht mehr vertragen. Auch in der Schule hat ___ (___) Probleme: ___ (___) Noten sind schlecht und mit ___ (___) Mitschülern versteht ___ (___) sich auch nicht. Da denkt ___ (___): „___ (___) hau ab! ___ (___) lernen ja doch nur Unsinn. ___ (___) könnt mich alle mal! Machts gut.“ So verlässt Theo die Stadt, aber zum Glück bleibt ___ (___) nicht lange alleine: ___ (___) findet einen Freund. Gemeinsam erleben ___ (___) viele Abenteuer und lösen auch Theos Probleme.

ÜBUNG 10 **Im folgenden Text sind die einzusetzenden Wörter im Nominativ angegeben. Setze die richtigen Formen ein und bestimme den Kasus.**

Theo wird von seinen Freunden (Dativ) (seine Freunde) nur der Komiker genannt. Besonders gut ist er im Erfinden ___ (witzige Wörter), so hat er ___ (seine Ohren) ___ (der Spitzname) Windfänger gegeben. ___ (der Hausmeister), der sich ständig über ___ (jede Kleinigkeit) aufregt, ruft er Ratterton. Niemand ist vor ___ (seine Späße) sicher. Er selbst hat ___ (der Spitzname) Bims; wie er dazu gekommen ist, weiß allerdings niemand. ___ (sein Vater) schimpft immer, dass er wegen ___ (seine dummen Scherze) nicht ernst genommen wird und ___ (schlechte Noten) schreibt.

1.2 Adjektive

Adjektive beschreiben die Eigenschaften oder Merkmale eines Substantivs. Sie werden immer **kleingeschrieben**.	der **große** Hund – der **rote** Ball – die **schlechte** Witterung – die **gute** Tat – der **reibungslose** Ablauf
Adjektive können als Beifügung vor einem Substantiv stehen oder zusammen mit dem Hilfsverb *sein* das Prädikat bilden.	das **schlechte** Wetter Das Wetter ist **schlecht**.
Adjektive werden wie die Substantive dekliniert, bei denen sie stehen.	der **schöne** Tag – des **schönen** Tags dem **schönen** Tag – den **schönen** Tag die **schönen** Tage – der **schönen** Tage den **schönen** Tagen – die **schönen** Tage
Adjektive können als einzige Wortart gesteigert werden. Es gibt die Grundform und zwei Steigerungsformen: ■ **Positiv** (Grundform),	*Positiv:* billig – ähnlich – schön arm – groß – klug
■ **Komparativ**: Er wird gebildet, indem man *-er* an die Grundform anhängt; wenn in der Grundform ein *a*, *o* oder *u* vorkommt, wird daraus im Komparativ ein *ä*, *ö* oder *ü*.	*Komparativ:* billig**er** – ähnlich**er** – schön**er** **ärmer** – **größer** – **klüger**
■ **Superlativ**: Er wird gebildet durch das Voranstellen des Wörtchens *am* und das Anhängen von *-sten*.	*Superlativ:* **am** billig**sten** – **am** ähnlich**sten** – **am** schön**sten** **am** ärm**sten** – **am** größ**ten** – **am** klüg**sten**
Einige wenige Adjektive haben unregelmäßige Steigerungsformen, die man auswendig lernen muss.	gut – besser – am besten viel – mehr – am meisten
Manche Adjektive lassen sich überhaupt nicht steigern.	rot – blau – einzig – super – egal
Achtung: Bei Vergleichen steht im Positiv das Wörtchen *wie*, im Komparativ das Wörtchen *als!*	Ich bin genauso alt **wie** du, aber deine Schwester ist älter **als** wir.

WISSEN

ÜBUNG 11 **Fülle die Felder aus: Dekliniere *das kleine Kind – die kleinen Kinder* und ergänze die Fachbegriffe.**

	Einzahl:	Mehrzahl:
1. Fall:	das kleine Kind	die kleinen Kinder
2. Fall:		
3. Fall:		
4. Fall:		

ÜBUNG 12 **Setze in den folgenden Text die passenden Adjektive aus dem Wortspeicher ein.**

großen – schlechtes – wunderschöne – besten – erlebnisreichen – köstlicher – fürchterlichen – aufregenden – freundliche – letzten – erfahrene – spannendes – kleines

Pia berichtet ihrer ______ Freundin Linda von ihrem ______ Flug nach Lanzarote im ______ Sommer: „Ich bin zum ersten Mal mit einem ______ Flugzeug geflogen. Auf dem Hinflug hatten wir ______ Wetter, sodass wir unter ______ Turbulenzen an Bord litten. Die ______ Stewardess kümmerte sich sofort um mich, denn sie sah, dass ich noch keine ______ Passagierin war. Sie lenkte mich ab, indem sie mir ein ______ Buch und ein ______ Stück ______ Schokolade brachte. So gut versorgt, erreichten wir nach einem ______ Flug von vier Stunden die ______ Insel Lanzarote."

ÜBUNG 13 **Beschreibe kurz deine/n Deutschlehrer/in. Dabei kannst du ihr / sein Aussehen und / oder typische Eigenschaften benennen. Verwende mindestens fünf treffende Adjektive und schreibe in dein Übungsheft.**

ÜBUNG 14 **Bearbeite den folgenden Text. Übertrage dazu die Tabelle darunter in dein Übungsheft.**

a) **Unterstreiche zuerst alle Adjektive.**
b) **Suche jeweils das Substantiv heraus, das Bezugswort des Adjektivs ist, und trage beide Wörter in die Tabelle ein.**
c) **Im Text findest du die deklinierten Formen des Adjektivs. Wie lautet jeweils die Grundform? Trage sie ein.**

Ein alter Mann lebte in einer engen Wohnung am Rande der Stadt. Wenn schönes Wetter war, ging er mit seinem treuen Hund in die kleine Stadt, wo er die nötigsten Dinge einkaufte. Den meisten Spaß bereitete es ihm, wenn die Kinder zu ihm kamen, um den alten Hund zu streicheln. Eines schönen Tages spazierte er durch eine enge Gasse, als plötzlich ein kleiner Junge erschien, der dem Hund einen prächtigen Knochen brachte.

dekliniertes Adjektiv	Bezugswort	Grundform
alter	Mann	alt

Fortsetzung der Tabelle im Übungsheft

ÜBUNG 15 **Fülle die Felder aus: Ergänze die Fachbegriffe in der oberen Zeile und dann die fehlenden Adjektivformen.**

Positiv		
		am trübsten
	früher	
fein		

ÜBUNG 16 **Unterstreiche alle Adjektive und prüfe, ob sie steigerbar sind. Wer also kann seine Leistung (rein sprachlich) noch steigern: Tim, Jana, Paul oder Chiara?**

ÜBEN

WISSEN

Alle **Zahlwörter**, die als Beifügung zu einem Substantiv stehen können, sind ebenfalls **Adjektive**. Zu diesen Zahladjektiven gehören:

- Grundzahlen,
- Ordnungszahlen,
- unbestimmte Zahlwörter.

Grundzahlen:
fünfzig Rosen – die **sieben** Geißlein
Ordnungszahlen:
der **dritte** Mann – am **ersten** Tag
unbestimmte Zahlwörter:
einige Tage – **viele** Versuche – **manche** Menschen – **etliche** Erfolge

ÜBUNG 17 **Setze die Adjektive aus dem Wortspeicher in die passenden Lücken ein. Vorsicht! Die Adjektive sind in ihrer Grundform angegeben. Du musst sie also beim Einsetzen deklinieren und kannst sie steigern, wenn es dir sinnvoll erscheint.**

wenige - verwildert - anstrengend - groß - lecker - viel - fantastisch - neu - lang - erfolgreich - gut - unverheiratet - fern - viele - benachteiligt

Heute ziehe ich mein ______ Kleid an, da meine ______ ______ Tante aus dem ______ Afrika zu Besuch kommt. Mein Vater hat extra einen ______ Kuchen gebacken und meine Mutter in unserem ______ Vorgarten das Unkraut gezupft. Als meine Tante vor ______ Jahren sagte, dass sie den ______ Kindern in Afrika helfen wolle, machte die ganze Familie ein ______ Gesicht – besonders meine ______ ______ Schwester. Sie hatte ______ Zeit als die übrigen Nichten und Neffen bei ihr verbracht, denn die beiden hatten ______ ______ Pläne gemacht, wie sie gemeinsam eine ______ Schule in Kenia erbauen und leiten könnten. Aber schon in ______ Monaten will auch sie ins Ausland gehen, nach dem Abschluss ihrer ______ ______, aber sicher ______ Schulzeit.

1.3 Verben

Verben (Tätigkeitswörter) bezeichnen
- eine Handlung,
- einen Vorgang oder
- einen Zustand.

Sie werden immer **kleingeschrieben.**

Handlung:
schreiben – laufen – fahren
Vorgang:
verlieren – vergessen – erinnern
Zustand:
sein – ruhen – stehen

Die Grundform des Verbs bezeichnet man als **Infinitiv**. Die meisten Verben enden im Infinitiv auf *-en*, wenige auf *-rn* oder *-ln*.

rufen – hüpfen – falten – essen – lachen – suchen – lesen – baden – klettern – wandern – ändern – hobeln – lächeln – sammeln

---

Wenn du die Endung *-en* bzw. *-n* vom Infinitiv streichst, erhältst du den **Wortstamm.**

ruf-en – **hüpf**-en – **falt**-en – **kletter**-n – **wander**-n – **änder**-n – **hobel**-n – **lächel**-n – **sammel**-n

---

Verben kommen nicht nur im Infinitiv vor, sondern auch als **Personalform** (auch: finite – d. h. veränderliche – Form). Du bildest sie, indem du an den Stamm die Personalendung hängst. Setzt du Verben in die Personalformen, nennt man dies **konjugieren** (beugen).

Singular	*Plural*
ich schreib-e	wir schreib-en
du schreib-st	ihr schreib-t
er / sie / es schreib-t	sie schreib-en

Das **Tempus** (Zeit) des Verbs zeigt an, wann etwas passiert. Den **Zeitstufen** Vergangenheit, Gegenwart und Zukunft sind unterschiedliche Tempora (Zeiten) zugeordnet.

Gegenwart:
Präsens
Vergangenheit:
Präteritum, Perfekt, Plusquamperfekt
Zukunft:
Futur I, Futur II

Das **Präsens** (Gegenwart) bezeichnet:
- ein Geschehen, das sich gerade ereignet,

  Wir **gehen** ins Schwimmbad.
- Aussagen, die allgemeingültig sind,

  Vor dem Schwimmen **muss** man sich gründlich abduschen.
- ein Geschehen, das sich in der Zukunft ereignet, wenn aus dem Zusammenhang klar wird, dass es sich um ein zukünftiges Geschehen handelt (Hinweiswörter z. B. *bald, morgen, nächste Woche*).

  In den nächsten Sommerferien **gehe** ich bestimmt ganz oft ins Freibad.

Das **Präteritum** (Vergangenheit) bezeichnet ein abgeschlossenes vergangenes Geschehen. Es wird häufig beim Erzählen verwendet, daher wird es auch als **Erzähltempus** bezeichnet (↑ Kap. 5.1).

Es gibt eine schwache, eine starke und eine unregelmäßige Konjugation. Das Präteritum bildest du wie folgt:

- **schwache Verben:** Anfügen der Endung *-te* an den Wortstamm,
- **starke Verben:** Veränderung des Stammvokals,
- **unregelmäßige Verben:** Veränderung des Stammvokals und Anfügen der Endung *-te* an den veränderten Stamm.

Infinitiv → Stamm → Präteritum

schwache Verben:
tanzen → tanz- → ich tanz**te**
spielen → spiel- → du spiel**test**
sagen → sag- → sie sag**te**

starke Verben:
rufen → ruf- → er **rief**
tragen → trag- → wir tr**u**gen
lesen → les- → ihr l**a**st

unregelmäßige Verben:
kennen → kenn- → ich k**a**nn**te**
bringen → bring- → sie br**a**ch**te**n
denken → denk- → wir d**a**ch**te**n

Das **Perfekt** (vollendete Gegenwart) bezeichnet ein Geschehen, das zwar in der Vergangenheit abgeschlossen ist, dessen Folgen aber bis in die Gegenwart hinein Bedeutung haben.

Das Perfekt bildest du mit einer konjugierten Form der Hilfsverben *haben* oder *sein* und dem Partizip Perfekt (2. Partizip) des Verbs.

ich **habe ge**kauft
du **hast ge**kauft
wir **haben ge**kauft

ich **bin gelaufen**
er **ist gelaufen**
sie **sind gelaufen**

Das Partizip Perfekt bildest du

- bei **schwachen Verben:** *ge-* + Wortstamm + *-(e)t*,

schwache Verben:
schenk-en → **ge**-schenk-**t**
hol-en → **ge**-hol-**t**
red-en → **ge**-red-**et**

- bei **starken** bzw. **unregelmäßigen Verben:** *ge-* + (veränderter) Wortstamm + *-en*.

starke / unregelmäßige Verben:
reit-en → **ge-ritt-en**
werf-en → **ge-worf-en**

Ausnahme: Nur sehr wenige Verben bilden das Partizip Perfekt ohne *ge-*.

überrasch-en → überrasch-**t**
zerreiß-en → zerriss-**en**

Mit dem **Futur** drückt man aus, dass ein Geschehen in der Zukunft liegt. Das Futur I bildest du mit einer konjugierten Form von *werden* und dem Infinitiv.

ich werde feiern – du wirst feiern – er wird feiern – wir werden feiern – ihr werdet feiern – sie werden feiern

ÜBUNG 18 Bilde Verben, indem du Vorsilben und Infinitive sinnvoll miteinander verbindest.

Vorsilben	Infinitive	
nieder	geben	
bei	gehen	
hinter	schreiten	
über	kommen	
mit	schlagen	
nach	stehen	
vor	laufen	
entgegen	lesen	

WISSEN

Bei einigen Verben ändert sich der **Stammvokal** des Infinitivs in der 2. und 3. Person Singular.

s**e**hen – du s**ie**hst – er s**ie**ht
f**a**hren – du f**ä**hrst – er f**ä**hrt
st**o**ßen – du st**ö**ßt – er st**ö**ßt

ÜBUNG 19 Konjugiere das Verb *laufen* im Präsens. Unterstreiche die Endungen.

	Singular	Plural
1. Person		
2. Person		
3. Person		

ÜBUNG 20 Bestimme Person und Numerus der folgenden Personalformen. Benutze dazu dein Übungsheft.

1. du weinst
2. ihr kreischt
3. ich schreie
4. sie heulen
5. er lacht
6. wir schweigen

ÜBUNG 21 **Bilde die angegebenen Personalformen im Präsens.**

lieben → 1. Person Singular →

reden → 1. Person Plural →

tanzen → 2. Person Plural →

fragen → 2. Person Singular →

schreiben → 3. Person Plural →

ÜBUNG 22 **Wird bei den folgenden Infinitiven das Perfekt mit *sein* oder mit *haben* gebildet? Trage die 1. Person Singular in die entsprechende Zeile ein.**

haben - denken - laufen - gehen - essen - halten - fliegen - reisen

Perfekt mit *sein:*

Perfekt mit *haben:*

ÜBUNG 23 **Unterstreiche die Sätze blau, die sich auf die Gegenwart beziehen oder allgemeingültig sind. Unterstreiche die Sätze rot, die von der Vergangenheit handeln.**

An diesem Sonntagmorgen war nichts so, wie es gewöhnlich ist. Alles fing schon damit an, dass der Wecker um sieben Uhr klingelte, was er normalerweise nur an Schultagen tut. Nachdem ich mich über das frühe Wecken geärgert hatte, konnte ich nicht wieder einschlafen. So ging ich zum Frühstücken in die Küche, dort grinste mich lediglich ein leerer Brotkasten an. Üblicherweise stellt meine Mutter die Milch in die Kühlschranktür, doch heute morgen konnte ich sie nicht finden. Ich gab auf. Völlig entnervt ging ich wieder in mein Zimmer. Dort schlief ich ein ... und schlief und schlief. Bis jetzt: Meine Mutter betritt freudestrahlend das Zimmer, öffnet das Fenster und säuselt mir ins Ohr: „Willst du heute gar nicht mehr aufstehen? Das Frühstück ist fertig!" Verwundert hebe ich den Kopf: War alles nur ein schlechter Traum?

ÜBEN

ÜBUNG 24 **Entscheide, ob es sich um ein zukünftiges (Z) oder ein gegenwärtiges (G) Geschehen handelt. Trage die entsprechenden Abkürzungen in die Felder ein.**

1. Morgen werde ich meine Freundin Nicole wiedersehen. ___ – 2. Morgen komme ich wieder. ___ – 3. Die Wiedersehensfreude ist groß. ___ – 4. Sie sehen sich im nächsten Jahr wieder. ___ – 5. Wir wünschen dir eine angenehme Reise. ___

WISSEN

Eine weitere wichtige Verbform ist der **Imperativ (Befehlsform).** Er kann eine freundliche Bitte, eine Aufforderung oder einen energischen Befehl ausdrücken und sich dabei an eine oder mehrere Personen richten. Du bildest ihn wie folgt:

- **Singular:** Präsensstamm + *-e* (die Endung fällt häufig weg), manche Verben verändern ihren Stammvokal;
- **Plural:** Präsensstamm + *-t*.

Zeig mir bitte dein Heft! **Kommt** mal zu mir! **Gib** mir sofort das Heft!
Singular: üb-en → üb(e)! helf-en → h**i**lf! *Plural:* hör-en → hör**t**!

ÜBUNG 25 **Setze die richtigen Verbformen im Präteritum ein. Achtung: In welchem Tempus stehen die Aussagen bei wörtlicher Rede?**

Herr Müller ___ (gehen) mit seinem riesigen Hund zum Tierarzt und ___ (flehen): „Bitte ___ (helfen) Sie mir! Mein Hund ___ (jagen) immer Fahrzeugen hinterher!“ Der Tierarzt ___ (antworten) empört: „Das ___ (kommen) nicht von ungefähr. Wahrscheinlich ___ (tun) dies gewöhnlich alle Hunde.“ Da ___ (toben) Herr Müller: „Vielleicht! Aber meiner ___ (fangen) sie stets und ___ (vergraben) sie dann im Garten!“

ÜBUNG 26 **Bilde den Imperativ Singular und Plural zu folgenden Infinitiven.**

	Singular	Plural		Singular	Plural
fragen			geben		
essen			lachen		
lesen			reden		

ÜBUNG 27 **Formuliere nun mit den Imperativen aus Übung 26 entweder eine freundliche Bitte, eine Aufforderung oder einen energischen Befehl. Schreibe in dein Übungsheft.**

ÜBUNG 28 **Formuliere die folgende Zeugenaussage über einen Unfall zu einem Bericht für deinen Brieffreund um. Dazu musst du das Perfekt in Präteritum umwandeln. Schreibe in dein Übungsheft.**

Ich bin gerade aus der Schule gekommen und habe mich noch mal nach meinem Freund Fabian umgeschaut. Deshalb habe ich das herankommende Auto auch erst gar nicht bemerkt. Natürlich bin ich an der roten Ampel stehen geblieben. Da habe ich plötzlich gemerkt, dass hinter mir die anderen Schulkinder angefangen haben zu drängeln. Ich bin natürlich gleich auf die Seite gegangen, aber irgendwie hats der Basti nicht mehr geschafft, sich zu halten, und ist voll auf die Straße geschubst worden. Tja, und da ist das Auto gekommen ...

WISSEN

Die Wortarten, die du bisher kennengelernt hast, sind **flektierbar**, d. h., sie **verändern ihre Form** je nach ihrer Funktion im Satz.	*Substantive, Pronomen und Adjektive sind* deklinierbar. *Adjektive können* gesteigert *werden.* *Verben können* konjugiert *werden.*
Es gibt aber auch eine Reihe von Wörtern, die ihre Form nie verändern. Dazu gehören:	
■ **Adverbien** (Umstandswörter)	genug – heute – mittags – oft – gern
■ **Konjunktionen** (Bindewörter)	und – oder – aber – da – falls – obwohl
■ **Präpositionen** (Verhältniswörter)	mit – unter – auf – bei – durch – von
■ **Fragewörter**	was – wann – wie – warum – wo – ob

ÜBUNG 29 **Kreise im folgenden Text alle nicht flektierbaren Wörter ein.**

Es waren einmal ein armer Mann und eine arme Frau, die hatten nichts als eine kleine Hütte und nährten sich vom Fischfang und es ging bei ihnen von der Hand in den Mund. Es geschah aber, als der Mann eines Tages beim Wasser saß und sein Netz auswarf, dass er einen Fisch herauszog, der ganz golden war. Und als er den Fisch voller Verwunderung betrachtete, sagte dieser: „Höre, Fischer, wenn du mich zurück ins Wasser wirfst, dann mache ich deine Hütte zu einem prächtigen Schloss."

Klassenarbeit 1

45 Minuten

AUFGABE 1 **Bestimme die Wortarten: Markiere durch Pfeile, welches Wort in welche Wolke gehört.**

finden nächtlich ich Männer

viel kennen Schere

Verben

mein

Adjektive

wir

Fass

Pronomen

blau

Substantive

Spiel

Kenner

kompliziert

ihre unterbieten raufen

AUFGABE 2 **Welche Wörter kann man konjugieren, welche deklinieren?**

	konjugierbar	**deklinierbar**
1. Possessivpronomen	☐	☐
2. Verben	☐	☐
3. Substantive	☐	☐
4. Adjektive	☐	☐
5. Personalpronomen	☐	☐

AUFGABE 3 **Fülle die Felder aus: Ergänze die Personalpronomen der 1.–3. Person Singular sowie die fehlenden Fachbegriffe für die vier Zeitstufen, die du schon kennengelernt hast. Konjugiere dann das Wort *laufen* in diesen Zeitstufen. Ein Feld ist als kleine Hilfe für dich schon ausgefüllt.**

	Personal-pronomen	**Perfekt**		
1. Person				
2. Person			liefst	
3. Person				

AUFGABE 4 **Setze im folgenden Text die Verben aus dem Wortspeicher in den richtigen Zeitstufen ein. Beginne mit dem Präsens.**

planen – sitzen – wissen – kommen – reisen – lassen – schwärmen – erwarten – werden – fahren – sein – sehen – gefallen – träumen – vorstellen – gehen

Peter ______ am See, ______ seine Beine im Wasser baumeln und ______ von seinem nächsten Urlaub: „Diesen Sommer ______ ich den Urlaub besser ______! Letztes Jahr ______ ich einfach zu spät ______. Da ______ die besten Plätze natürlich schon weg." Gesagt, getan. Gespannt ______ er ins nächste Reisebüro, wo ihn eine freundliche Dame bereits ______. „______ Sie doch nach Mallorca. Sie ______. Das ______ Ihnen sicher ______! Ich selbst ______ letztes Jahr dorthin ______ und ______ noch heute von dieser Insel!" Doch Peter ______ nicht so recht. Mallorca, da ______ er sich doch etwas anderes ______. Also ______ es wohl doch wieder eine Reise an die Nordsee ______.

AUFGABE 5 **Ordne nun die Personalformen des Textes in die richtigen Spalten der Tabelle ein.**

Präsens	Präteritum	Perfekt	Futur	Imperativ

TESTEN

AUFGABE 6 **Trage die entsprechenden Formen in die farbigen Felder ein: Verändere jeweils nur das Angegebene; ergänze bei den Substantiven den bestimmten Artikel.**

1. Person Singular Präsens von: lesen →

→ verändere das Tempus: Präteritum →

→ verändere das Verb: liegen →

→ verändere das Tempus: Perfekt →

→ verändere die Person: 3. Person →

→ verändere den Numerus: Plural →

Genitiv Singular von: Haut →

→ verändere den Kasus: Dativ →

→ verändere das Wort: Müller →

→ verändere den Numerus: Plural →

→ verändere den Kasus: Akkusativ →

→ verändere das Wort: Buch →

AUFGABE 7 **Einer dieser Begriffe ist jeweils falsch! Streiche ihn durch und begründe, warum er nicht zu den anderen passt.**

1. Nominativ – Dativ – Komparativ – Akkusativ

2. Genitiv – Positiv – Steigerung – Superlativ

3 Konjugation – Tempus – Pronomen – Präsens

4. Kasus – Deklination – Imperativ – Numerus

Klassenarbeit 2

45 Minuten

AUFGABE 8 **Verbessere den folgenden Text, indem du anstelle der eingeklammerten Wörter bzw. Wortgruppen die passenden Pronomen einsetzt.**

Ein Hase saß in seinem Lager und grübelte. „Derjenige, der furchtsam ist“, dachte (der Hase) ______, „ist eigentlich unglücklich dran! Nichts kann (derjenige, der furchtsam ist) ______ in Frieden genießen, niemals hat (derjenige, der furchtsam ist) ______ ein ungestörtes Vergnügen, immer gibt es neue Aufregung für (denjenigen, der furchtsam ist) ______. Ich schlafe vor Angst schon mit offenen Augen. Das muss anders werden, sagt mir der Verstand. Aber wie?“ So überlegte (der Hase) ______. Dabei war (der Hase) ______ aber immerwährend auf der Hut, denn (der Hase) ______ war nun einmal misstrauisch und ängstlich.

AUFGABE 9 **Formuliere aus den folgenden Stichworten Sätze im Präteritum. Schreibe sie in dein Übungsheft.**

1. ein Geräusch, ein Schatten oder ein Nichts – den Hasen erschrecken
2. Hase – ein leises Säuseln hören
3. Hase – aufspringen und davonlaufen
4. Hase – bis an das Ufer des Teiches hetzen
5. Frösche – vor dem Hasen erschrecken
6. aufgescheuchte Frösche – ins Wasser springen

AUFGABE 10 **Vervollständige die Tabelle. Achtung, nicht alle Adjektive können gesteigert werden!**

Positiv		**Superlativ**
furchtsam		
	unglücklicher	
ungestört		
offen		
		am ängstlichsten
	leiser	

AUFGABE 11 Lies den folgenden Text. Bestimme die Wortart der rot markierten Wörter. Schreibe in dein Übungsheft.

„Oh“, sagte der Hase, „sie fürchten sich vor mir! Da gibt es also Tiere, die vor mir, dem Hasen, zittern! Was bin ich für ein Held!“ Da kann einer noch so feige sein, er findet immer einen, der ein noch größerer Feigling ist.

AUFGABE 12 Bestimme die in Aufgabe 11 markierten Verben nach Person, Numerus und Tempus und die markierten Substantive nach Kasus, Numerus und Genus.

Verbform	Person	Numerus	Tempus

Substantiv	Kasus	Numerus	Genus

AUFGABE 13 Bestimme jeweils, ob es sich um ein schwaches oder ein starkes Verb handelt und ob das Perfekt mit dem Hilfsverb *haben* oder *sein* gebildet wird. Kreuze an.

	schwach	stark	haben	sein		schwach	stark	haben	sein
sägen	☐	☐	☐	☐	gehen	☐	☐	☐	☐
beißen	☐	☐	☐	☐	lachen	☐	☐	☐	☐
singen	☐	☐	☐	☐	gähnen	☐	☐	☐	☐
hüpfen	☐	☐	☐	☐	spielen	☐	☐	☐	☐

AUFGABE 14 In jeder Zeile ist ein Begriff fehl am Platz! Streiche ihn durch und begründe kurz, warum er nicht dazu passt. Schreibe in dein Übungsheft.

1. Imperativ – Genitiv – Infinitiv – Tempus
2. Nominativ – Deklination – Superlativ – Dativ
3. Präsens – Perfekt – Komparativ – Konjugation
4. Präposition – Adjektiv – Substantiv – Pronomen
5. Adverb – Konjunktion – Verb – Fragewort

Klassenarbeit 3

60 Minuten

AUFGABE 15 **Bestimme die Verbformen und ergänze den Infinitiv.**

	Person	Numerus	Tempus	Infinitiv
ich bin geschwommen				
sie lesen				
sie ließ				
du hattest gefeiert				

AUFGABE 16 **Bilde die angegebenen Formen.**

das Haus → Genitiv Singular →

die Ente → Akkusativ Plural →

der Händler → Dativ Plural →

das Buch → Genitiv Plural →

das Kabel → Akkusativ Singular →

die Kerze → Dativ Singular →

AUFGABE 17 **Trage die entsprechenden Formen in die Felder ein. Verändere jeweils nur das Angegebene, ergänze bei den Substantiven den bestimmten Artikel.**

2. Person Plural Präsens von: singen → → verändere das Tempus: Präteritum → → verändere den Numerus: Singular → → verändere die Person: 3. Person → → verändere das Verb: tauchen → → verändere das Tempus: Perfekt →

Akkusativ Singular von: Baum → → verändere das Wort: Hütte → → verändere den Kasus: Dativ → → verändere den Numerus: Plural → → verändere das Wort: Auto → → verändere den Kasus: Genitiv →

TESTEN

AUFGABE 18 **Schreibe aus dem folgenden Text alle Adjektive in der Grundform untereinander in dein Übungsheft. Bilde dann die Steigerungsformen. Welche kannst du nicht steigern?**

Ein reicher Graf vergeudete sein Gut und Habe. Er lebte königlich, hielt alle Tage offene Tafel; wer bei ihm einsprach, Ritter oder Knappe, dem gab er drei Tage lang ein herrliches Bankett, und alle Gäste taumelten mit frohem Mut von ihm hinweg. Er liebte Brettspiel und Würfel; sein Hof wimmelte von goldgelockten Edelknaben, Läufern und Dienern in prächtiger Livree (= *Dienerkleidung*), und seine Ställe nährten unzählige Pferde und Jagdhunde. Durch diesen Aufwand zerrannen seine großen Schätze.

AUFGABE 19 **Lies den folgenden Satz. Übertrage dann die beiden Tabellen in dein Übungsheft und ordne alle Wörter richtig ein.**

Er verpfändete eine Stadt nach der anderen, verkaufte seine Juwelen und entließ die Bedienten; es blieb ihm von seinem ganzen Eigentum nur ein altes Waldschloss, eine tugendsame Gemahlin und drei wunderschöne Töchter.

Artikel	Substantiv	Verb	Adjektiv

Pronomen	Präposition	Konjunktion	Adverb

Fortsetzung der Tabellen im Übungsheft

AUFGABE 20 **Bestimme alle Substantive aus Aufgabe 19 nach Kasus, Numerus und Genus und alle Verben nach Person, Numerus und Tempus. Schreibe in dein Übungsheft.**

AUFGABE 21 **Im folgenden Text findest du viele Kasusfehler. Korrigiere sie, indem du die Tabelle in dein Übungsheft überträgst und ausfüllst.**

ACHTUNG FEHLER

In dieses Schloss hauste er von alle Welt verlassen; der Gräfin versah mit ihre Töchter selbst der Küche und weil sie allseits die Kochkunst nicht kundig waren, wussten sie nichts als Kartoffeln zu sieden. Diesen Mahlzeiten behagten den Graf so wenig, dass er missmutig wurde.

Fehler	falscher Kasus	richtiger Kasus	Korrektur
dieses Schloss	Nominativ / Akkusativ	Dativ	diesem Schloss

Fortsetzung der Tabelle im Übungsheft

TESTEN

2 Satzglieder

2.1 Satzglieder erkennen

Die einzelnen Bestandteile, in die du einen Satz zerlegen kannst, nennt man **Satzglieder.** Sie können bestehen aus
- einem einzelnen Wort oder
- einer Wortgruppe (mehrere zusammengehörende Wörter).

Sie / singt / Lieder.
Die junge Nachwuchssängerin / hat / beim Talentwettbewerb / ein Lied / von ihrer Lieblingsband / gesungen.

Um festzustellen, welche Wörter zusammengehören und somit ein Satzglied bilden, gibt es zwei Methoden:

- **Umstell-** oder **Verschiebeprobe:**
Du stellst die Teile eines Satzes um, ohne dass sich der Sinn des Satzes ändert. Alle Wörter, die bei der Umstellung zusammenbleiben, gehören zu einem Satzglied.

Meine Deutschlehrerin / liest / mit uns / gerne / Jugendbücher.
Gerne / liest / meine Deutschlehrerin / Jugendbücher / mit uns.
Mit uns / liest / meine Deutschlehrerin / gerne / Jugendbücher.

Achtung: Du darfst die Wörter in ihrer Form nicht verändern und der Satz muss weiterhin sinnvoll und vollständig sein!

Du kannst ein Satzglied besonders hervorheben, indem du es an den Anfang stellst.

Ich / gehe / gerne / mit dir / ins Kino.
Mit dir / gehe / ich / gerne / ins Kino.
(Betonung: mit dir – aber nicht mit Sara!)
Ins Kino / gehe / ich / mit dir / gerne.
(Betonung: ins Kino – aber nicht ins Fußballstadion!)

- **Ersatzprobe:**
Ein Satzglied kannst du durch andere Wörter ersetzen. Wenn du anstelle der Wortgruppe z. B. ein Pronomen oder ein Adverb einsetzen kannst, handelt es sich um ein zusammengehörendes Satzglied.

Das schöne Bild meiner Großmutter /
hängt /
über unserem Fernseher.

Es *(= Das schöne Bild meiner Großmutter)*
hängt
dort *(= über dem Fernseher)*

WISSEN

ÜBUNG 1 Bilde aus den einzelnen Wörtern einen sinnvollen Satz.

ICH | SCHWESTER | IN | STADT | DER | GESTERN | PETERS | TRAF | ABEND

ÜBUNG 2 Führe an diesem Satz die Umstellprobe durch: Bilde fünf verschiedene sinnvolle Sätze.

ÜBUNG 3 Welche Wörter bleiben immer zusammen und bilden somit ein Satzglied? Setze in Übung 1 Trennstriche zwischen die Satzglieder.

ÜBUNG 4 Ersetze die rot hervorgehobenen Satzglieder durch Pronomen (↑ Kap. 1.1). Manchmal musst du im Satz eine Umstellung vornehmen. Schreibe in dein Übungsheft.

1. Viele Kinder besuchen den Kinderspielplatz in der Kirchstraße.
2. In den Ferien leihe ich mir immer die spannendsten und abenteuerlichsten Romane aus der Stadtbücherei.
3. Ohne Zögern beging der Dieb den Einbruch.
4. Die Fragerei der neuen Mitschüler ging ihr auf die Nerven.

2.2 Das Prädikat

Das **Prädikat** (Satzaussage) ist der wichtigste Teil des Satzes. Es drückt aus, was jemand tut oder was geschieht.	Tim **singt** in der Badewanne ein Lied. Nina **bohrt** ein Loch in die Wand. Niklas **sucht** einen Kochlöffel.
Am Prädikat erkennst du, wann etwas geschieht oder getan wird bzw. in welchem Zeitverhältnis es zu anderen Geschehen oder Handlungen steht (↑ Kap. 1.3).	Tim **singt**. Tim **sang**. Tim **hat gesungen**. Tim **wird singen**.
Das Prädikat besteht ■ entweder aus der **Personalform** des Verbs (↑ Kap. 1.3) ■ oder aus einer zwei- oder mehrteiligen Verbform. Zur Personalform tritt hier eine nicht konjugierte Verbform oder ein anderer Verbzusatz. Weil die beiden Prädikatsteile häufig einen Teil des Satzes umklammern, spricht man von einer **Verbklammer.**	Ich **lache** über deinen Witz. Tim **hat** in der Badewanne **gesungen**. Nina **wird** ein Loch in die Wand **bohren**. Niklas **kann** keinen Kochlöffel **finden**. Frederik **fährt** oft **weg**. Miriam **bleibt** lieber **stehen**.
Die Personalform des Verbs steht im **Aussagesatz** immer an der zweiten Satzgliedstelle.	Pia **kauft** für Timm eine Konzertkarte. Eine Konzertkarte **kauft** Pia für Timm. Für Timm **kauft** Pia eine Konzertkarte.
Auch in der **Ergänzungsfrage,** die mit einem Fragewort eingeleitet wird und auf die es viele verschiedene Antwortmöglichkeiten gibt, steht das Prädikat als zweites Satzglied direkt hinter dem Fragewort.	*Aussagesatz:* Er **kommt** morgen. *Ergänzungsfrage:* Wann **kommt** er? *(mögliche Antworten: bald, morgen, nächste Woche, nach den Ferien ...)*
In der **Entscheidungsfrage** steht die Personalform des Verbs an erster Stelle. Zur Beantwortung von Entscheidungsfragen gibt es nur zwei Möglichkeiten: *ja* oder *nein.*	*Entscheidungsfrage:* **Kommt** er morgen? *(Antwort: ja / nein)*
Bei **Aufforderungssätzen** steht die Imperativform des Verbs an erster Satzgliedstelle (↑ S. 19).	**Komm** sofort nach Hause! **Gib** mir bitte mal den Brotkorb! **Passt** auf beim Überqueren der Straße!

ÜBUNG 5 **Ergänze das Prädikat mit der passenden Personalendung.**

1. Ich hab ___ einen Frosch im Hals.
2. Sie hab ___ einen grünen Daumen.
3. Wir nag ___ am Hungertuch.
4. Er mach ___ die Pferde scheu.
5. Ihr bleib ___ stumm wie ein Fisch.

ÜBUNG 6 **Fülle die Lücken aus: Suche aus dem Wortspeicher einen passenden Infinitiv und setze ihn in der richtigen Verbform ein.**

mögen – finden – fahren – herstellen – basteln – bleiben – verbringen – nutzen

1. Lea ___ gerne in den Urlaub, aber ihr Vater ___ lieber zu Hause.
2. Er ___ sehr gerne und ___ jede freie Minute für sein Hobby.
3. Leas Mutter ___ dieses Hobby nicht, denn oftmals ___ ihr Mann den ganzen Abend im Hobbykeller.
4. Nur Leas Bruder Ben ___ es toll, dass sein Vater so viele Dinge selbst ___.

ÜBUNG 7 **Unterstreiche im folgenden Text alle Prädikate.**

Versuchen Sie es doch mal mit einem neuen Gericht aus der französischen Küche: Mandelzwieback! Dazu benötigen Sie zwar etwas Zeit und Fingerspitzengefühl, aber der Aufwand lohnt sich.

Zunächst mahlt man 250 Gramm Mandeln. Dann verrührt man vier Eier mit 50 Gramm Zucker. Nun siebt man 500 Gramm Mehl, gibt die Mandeln hinzu und verknetet das Ganze mit der Eier-Zucker-Masse zu einem festen Teig. Anschließend rollt man den Teig zu länglichen Bändern und setzt sie auf ein Backblech. Dann bäckt man die Teigrollen bei mittlerer Hitze 30 Minuten.

ÜBUNG 8 **Bestimme die Satzarten: Unterstreiche dazu das Prädikat und setze das passende Satzschlusszeichen.**

1. Anfang Oktober schreibt Pia schon ihren Wunschzettel für Weihnachten
2. Kann sie es denn gar nicht mehr abwarten
3. Sie wünscht sich von ganzem Herzen einen Computer
4. Den ganzen Tag liegt sie ihrer Mutter in den Ohren: „Bitte, Mama, schenk mir einen Computer zu Weihnachten
5. Mein Mathelehrer sagt immer: „Wünscht euch zum nächsten Fest einen Computer “
6. „Wirst du meinen Wunsch erfüllen “
7. „Gib endlich Ruhe “, schimpft ihre Mutter. „Schließlich ist erst Oktober “

WISSEN

Besteht das Prädikat aus einem zusammengesetzten Verb, so wird das Verb oft **aufgespalten**.	Der Schauspieler **sprach** im Theater **vor**. Der Stürmer **holte** den Ball, den er ins Aus geschlagen hatte, **zurück**.
Wenn die Vorsilbe unbetont ist, wird das Verb nicht aufgespalten.	Bei der Probe **versprach** sich der Schauspieler sehr häufig. Der Schiri ließ den Elfmeter **wiederholen**.

ÜBUNG 9 **Schreibe eine kurze Geschichte über ein Mädchen, das mit einer völlig schrecklichen Frisur vom Frisör kommt. Benutze dabei die Verben aus dem Wortspeicher. Unterstreiche in deinem Text alle Wörter, die zum Prädikat gehören.**

zerplatzen – zurückkehren – verzweifeln – zerstören – ankommen – hochstecken – nachdenken

Martina ließ den Kopf hängen: Die Haare, die sie so lange hatte wachsen lassen, waren ab!

ÜBEN

2.3 Das Subjekt

Das Satzglied, das du mit *wer?* oder *was?* erfragen kannst, nennt man **Subjekt** (Satzgegenstand).

Der Lehrer liest eine Geschichte vor.
Wer liest eine Geschichte vor?
Der Lehrer = Subjekt

Die Frage *wer?* verwendest du bei Personen. Die Frage *was?* verwendest du bei Sachen, Stoffen und Materialien.
Du erfährst,
- wer oder was etwas tut,
- wer oder was etwas ist.

Meine kleine Schwester hat geweint.
Wer hat geweint?
Meine kleine Schwester = Subjekt

Der Apfelsaft ist süß.
Was ist süß?
Der Apfelsaft = Subjekt

Ein Subjekt kann u. a. bestehen aus
- einem Substantiv,
- einem Substantiv mit Artikel,
- einem Substantiv mit Pronomen,
- einem Substantiv mit Artikel und Adjektiv,
- einem Substantiv mit Pronomen und Adjektiv,
- einem Pronomen.

Kakao schmeckt gut!
Der Kaffee ist sehr stark.
Dein Tee ist mal wieder vorzüglich.
Die eiskalte Cola war sehr erfrischend.

Seine heiße Schokolade war ein Genuss.

Es war das beste Getränk, das ich je getrunken hatte.

Ein Subjekt gehört neben dem Prädikat immer zu einem vollständigen Satz.

Ich las (letzte Woche in der Bibliothek ein sehr spannendes Buch über Dinosaurier).

Subjekt und Prädikat bilden zusammen den **Kernsatz**, der durch weitere Satzglieder und Satzgliedteile erweitert werden kann. Du kannst den Kernsatz herausfinden, indem du die Weglassprobe durchführst.

Mein Vater kauft (jede Woche im nahe gelegenen Supermarkt für die ganze Hausgemeinschaft) **ein**.

Prädikat und Subjekt sind eng miteinander verbunden. Sie müssen in Person und Numerus übereinstimmen.

Das Kind sing**t** ein Lied.

Die Kinder sing**en** ein Lied.

Das Subjekt kann an verschiedenen Stellen im Satz stehen.

Ich schenke meiner Oma Blumen.
Blumen schenke **ich** meiner Oma.
Meiner Oma schenke **ich** Blumen.

ÜBUNG 10 **Setze die passenden Subjekte aus dem Wortspeicher ein. Wie fragst du nach dem Subjekt?**

der Erlös des Festes - die Schüler - alle - die Buden - der Hausmeister

1. Für das Schulfest baut ______ schon früh am Morgen die große Bühne auf. Frage: ______
2. Wenig später treffen ______ ein, um ihre Buden und Verkaufsstände aufzustellen. Frage: ______
3. ______ wurden gemeinschaftlich von Schülern, Lehrern und Eltern hergestellt. Frage: ______
4. Jetzt warten ______ gespannt auf die ersten Gäste. Frage: ______
5. ______ soll vollständig der Schule zugutekommen. Frage: ______

ÜBUNG 11 **Führe die Weglassprobe durch, indem du alle Wörter streichst, die nicht zum Kernsatz aus Subjekt und Prädikat gehören.**

1. Die Schüler werden vom Schulleiter für ihren besonderen Einsatz gelobt.
2. Die Lehrer tanzen mit den Eltern und Schülern in der Schuldiskothek.
3. Um 20:00 Uhr endet das Fest leider schon.

ÜBUNG 12 **Unterstreiche das Subjekt und schreibe das passende Fragewort in das gelbe Feld. Achtung: Das Subjekt kann aus mehreren Wörtern bestehen.**

1. Die Schminkaktion ist ein voller Erfolg. ______ – 2. Die kleinen Kinder wollen von den älteren Schülerinnen geschminkt werden. ______ – 3. In der Pause versammeln sich schon wieder neue Kunden vor dem Stand. ______ – 4. Am häufigsten wird das Clowngesicht gewünscht. ______ – 5. Der Preis von einem Euro pro Kindergesicht ist viel zu billig. ______

ÜBEN

ÜBUNG 13 **Suche aus dem folgenden Text alle Subjekte heraus und trage sie in die Tabelle ein. Ersetze die Subjekte jeweils durch ein Pronomen.**

Den ganzen Tag hatte sich gestern die Sonne nicht blicken lassen. Dunkle Regenwolken zogen von Westen auf. Heute war zwar der erste Ferientag, aber die Kinder konnten einfach nicht vor die Tür treten. So beschloss Patrick, den Tag im Bett zu vergammeln. Das neue Buch von Tante Gabi lag schließlich noch ungelesen auf dem Nachttisch und wollte gelesen werden. Während Patrick es sich im Bett gemütlich machte, trommelten dicke Regentropfen an das Dachfenster. „So ein Tag im Bett kann auch richtig gemütlich sein“, dachte Patrick und fing an zu lesen. Noch am selben Abend hatte der Bücherwurm es geschafft: Das dicke Buch war ausgelesen.

Subjekt	passendes Pronomen

2.4 Das Objekt

Oftmals reicht es nicht aus, zu sagen, wer handelt oder was geschieht. Man will auch wissen, auf wen oder auf was sich ein Geschehen bezieht. Eine solche Ergänzung nennt man **Objekt.**	Er singt. – Er singt **ein Lied**. Du hilfst. – Du hilfst **mir**. Wir reden. – Wir reden **über Filme**.
Wie das Subjekt können auch Objekte aus mehreren Wörtern und unterschiedlichen Wortarten bestehen.	Er singt **ihr** vor. Er singt **ein schönes Lied**.
Ein Satz kann mehrere Objekte haben. Das Verb bestimmt, wie viele und welche Ergänzungen notwendig sind, damit ein vollständiger Satz entsteht. Es gibt Verben, denen immer ein Objekt folgt.	Ich gebe **ihm / ein Buch**. Chiara besucht **Niklas**. Sie schenkt **mir / einen neuen Krimi**. Wir zeigen **euch / die Stadt**.
Das **Genitivobjekt** erfragst du mit *wessen?* Es wird heute nur noch selten gebraucht.	Der Lehrer nimmt sich **der Fragen** an. *Wessen nimmt sich der Lehrer an?* *Der Fragen.*
Das **Dativobjekt** erfragst du mit *wem?*	Es geht **ihm** gut. *Wem geht es gut? Ihm.*
Das **Akkusativobjekt** erfragst du mit *wen?* oder *was?*	Sie küsst **das Kind**. *Wen küsst sie? Das Kind.* Er wäscht **die Wäsche**. *Was wäscht er? Die Wäsche.*
Das **präpositionale Objekt** (Objekt mit Präposition) erfragst du z. B. mit *auf was?, mit wem?, über was?, von wem?, zu wem?* Du erkennst es daran, dass das Fragewort allein nicht ausreicht, um festzustellen, welche Wörter bzw. Wortgruppen zusammengehören. Du brauchst zusätzlich eine Präposition.	Wir rechnen fest **mit seinem Besuch**. *Mit was / Womit rechnen wir fest?* *Mit seinem Besuch.* Ich bekomme **von ihm** ein Geschenk. *Von wem bekomme ich ein Geschenk?* *Von ihm.*

ÜBUNG 14 **Verbessere in den folgenden Sätzen die Personalpronomen. Schreibe die Sätze richtig auf.**

ACHTUNG FEHLER

1. Ich danke dich.
2. Der Lehrer gibt dich die Kreide.
3. Der Entführer entledigt sich ihm.
4. Die Mitschüler helfen ihrer.
5. Die Meute fiel über euer her.
6. Die Schüler gedachten uns.
7. Meine Brieffreundin schrieb mich.

ÜBUNG 15 **Kreise die passende Präposition ein und schreibe den Satz richtig in dein Übungsheft.**

1. Der Schüler sitzt in / um / an den / die Hausaufgaben.
2. Der Lehrer bittet bei / um / auf Aufmerksamkeit.

ÜBUNG 16 **Ergänze die fehlenden Objekte. Denke dir selbst für den Satz passende Wörter aus.**

1. Ich schreibe ________. (Akkusativobjekt)
2. Ich schreibe ________. (Dativobjekt)
3. Ich schreibe ________ (Dativobjekt) ________. (Akkusativobjekt)
4. In der Trauerfeier gedachten wir ________. (Genitivobjekt)
5. Der Hund hört nur ________. (präpositionales Objekt)
6. Die Schüler gratulieren ________ (Dativobjekt) ________. (präpositionales Objekt)
7. Der Mann gibt ________ (Dativobjekt) ________. (Akkusativobjekt)

WISSEN

Vor allem **Verben mit Vorsilben** verlangen oft ein präpositionales Objekt.	Ich lasse mich **auf diese Aufgabe** ein.
Manche präpositionalen Objekte lassen sich auch durch ein Akkusativ- oder Dativobjekt ersetzen.	Ich fürchte mich nicht **vor dieser Aufgabe**. Ich fürchte **diese Aufgabe** nicht.

ÜBUNG 17 **Bestimme die rot hervorgehobenen Objekte, indem du folgende Abkürzungen in die Klammern einträgst: GO (Genitivobjekt), DO (Dativobjekt), AO (Akkusativobjekt), PO (präpositionales Objekt).**

1. Die Kinder beschenkten ihre Großmutter (   ) mit einem Geburtstagskuchen (   ).
2. Die größte Freude an diesem Tag machte ihr jedoch der Sohn aus Amerika mit einem Überraschungsbesuch (   ).
3. Auch Onkel Willi wollte der Großmutter (   ) eine „kurze“ Rede (   ) halten.
4. Nur knapp konnten die Gäste dieser Rede (   ) entkommen, die normalerweise nie weniger als eine halbe Stunde dauert.
5. Die Gäste verstehen sich gut mit ihren Verwandten und Bekannten (   ).
6. Am Ende des Tages bedankt sich die Großmutter mit einer Rede (   ) bei ihren Gästen (   ).
7. Noch lange gedachte sie des schönen Tages (   ).

ÜBUNG 18 **Markiere die Akkusativobjekte. Bestimme dann die Wortart.**

Für die Herstellung eines Milchshakes benötigt man natürlich hauptsächlich Milch. Du solltest sie immer nur gut gekühlt verwenden. Die meisten Menschen trinken nicht so gerne H-Milch. Deshalb solltest du lieber Frischmilch verarbeiten. Deiner Fantasie sind keine Grenzen gesetzt: Du kannst Frucht-Milchshakes oder auch kremige Shakes herstellen. Der Klassiker unter den Milchshakes, der Bananenshake, ist ganz leicht zuzubereiten. Man stellt ihn her, indem man erst eine Banane püriert und sie dann mit Zimt und Zucker vermischt.

Substantiv:

Pronomen:

ÜBEN

ÜBUNG 19 **Welchen Kasus hat das Wort *Freiheit* jeweils?**

	Nominativ	Genitiv	Dativ	Akkusativ
1. Freiheit ist für die meisten Menschen ein hoher Wert.	☐	☐	☐	☐
2. Der König schenkte seinem Diener die Freiheit.	☐	☐	☐	☐
3. Jeder Mensch bedarf seiner Freiheit.	☐	☐	☐	☐
4. Freiheit ist nicht selbstverständlich.	☐	☐	☐	☐
5. Der Freiheit wird eine enorme Bedeutung gegeben.	☐	☐	☐	☐
6. Viele Menschen müssen sich ihre Freiheit erst erkämpfen.	☐	☐	☐	☐
7. Durch die Bedürfnisse aller wird der Freiheit des Einzelnen eine Grenze gesetzt.	☐	☐	☐	☐

ÜBUNG 20 **Vermeide die altmodisch klingenden und umständlichen Genitivobjekte, indem du andere Verben benutzt.**

1. Ich harre des Besuchs meines Freundes.

2. Er bediente sich einer gepflegten Ausdrucksweise.

3. Wir nahmen uns unserer neuen Mitschülerin an.

4. Auf der Flucht entledigte sich der Dieb seiner Beute.

5. Die Schüler bedurften der Hilfe des Lehrers.

6. Das Kind wurde des Daumenlutschens entwöhnt.

7. Der Dieb bemächtigte sich der Tasche der Passantin.

Klassenarbeit 1

60 Minuten

AUFGABE 1 **Setze aus den angebotenen Wörtern acht vollständige Sätze zusammen. Bedenke, dass Sätze – abhängig vom jeweiligen Prädikat – auch mehrere Objekte haben können.**

Subjekte

Heiner – wir – ich – deine beste Freundin Lisa – der Hund – sie – die armen Menschen – die Lehrer

Prädikate

haben – bedürfen – abbeißen – sich annehmen – achten – bitten – begegnen – glauben

Objekte

Genitiv ***(wessen?):***
des kranken Hundes – der Unterstützung

Dativ ***(wem?):***
ihm – unserem Nachbarn – den Kindern

Akkusativ ***(wen oder was?):***
kein Wort – Angst – die Lehrerin – ein Ohr

Präpositionales Objekt ***(um wen?, auf wen?, auf was? …):***
um meinen kranken Hund – um die Rückgabe der Arbeit – auf Sauberkeit in der Klasse

1.

2.

3.

4.

5.

6.

7.

8.

TESTEN

AUFGABE 2 **Entscheide, ob es sich um ein Subjekt (S) oder ein Akkusativobjekt (AO) handelt.**

1. Ich (   ) liebe dich (   ).
2. Liebst du (   ) mich (   )?
3. Diese Frage (   ) beschäftigte den Jungen (   ) noch lange.
4. Der Junge (   ) stellte viele Fragen (   ).
5. Das Mädchen (   ) quälten böse Träume (   ).
6. Der Hund (   ) verjagt die Katze (   ).

AUFGABE 3 **Bilde Sätze nach den angegebenen Satzbauplänen. Schreibe in dein Übungsheft.**

1. Subjekt – Prädikat
2. Subjekt – Prädikat – Akkusativobjekt
3. Subjekt – Prädikat – Dativobjekt
4. Subjekt – Prädikat – Dativobjekt – Akkusativobjekt
5. Subjekt – Prädikat – präpositionales Objekt
6. Subjekt – Prädikat – präpositionales Objekt – präpositionales Objekt
7. Subjekt – Prädikat – Akkusativobjekt – präpositionales Objekt

AUFGABE 4 **Setze im folgenden Text die fehlenden Prädikate ein.**

bedeuten – eingeführt – eingelassen – erinnerte – gibt – herrschte – saß – sollte – verbracht hatte – vorgeworfen – wartete – wurde

Lange Zeit ______ in Deutschland die Ansicht, dass es Hexen ______. Auch Barbara wurde ______, sich mit dem Teufel ______ zu haben. Nun ______ sie in einem Kerker des Königs und ______ auf ihre Hinrichtung. Sie ______ sich an ihre glückliche Kindheit, die sie als Waisenkind im Hause eines reichen Kaufmanns ______. Dort ______ sie durch die alte Lehrmeisterin Trude in die Kunst der Heilkunde ______. ______ dieses Wissen nun ihren Tod ______?

TESTEN

AUFGABE 5 **Setze die passenden Objekte aus dem Wortspeicher ein. Bestimme die Objekte, indem du die Abkürzungen dahinter schreibst: GO (Genitivobjekt), DO (Dativobjekt), AO (Akkusativobjekt) und PO (präpositionales Objekt).**

> alles – des völlig verschüchterten Mädchens – um ihr Leben – mit ihrer Mutter – von den Nationalsozialisten – ihr Vertrauen – an die schlimmen Erlebnisse – wenig Zeit – den Auftrag – auf diese schwierige Aufgabe

Naomi ist ______ aus Europa geflohen, wo gerade Krieg herrscht. Ihr Vater wurde ______ umgebracht, sodass auch Mutter und Tochter ______ fürchten mussten. In Amerika sind sie zwar sicher, aber Naomi muss noch oft ______ in ihrer Heimat zurückdenken. Der Nachbarsjunge Alan erhält ______, sich ______ anzunehmen. Zunächst nur widerwillig lässt sich Alan ______ ein, denn er ist ein begeisterter Schlagballspieler und hat nur ______. Allmählich gewinnt Alan aber ______, bis ein schockierendes Ereignis ______ wieder infrage stellt.

AUFGABE 6 **Trenne die Satzglieder im folgenden Text durch einen senkrechten Strich voneinander. Bestimme dann alle Prädikate (P) sowie die rot hervorgehobenen Subjekte (S) und Objekte (GO, DO, AO, PO). Schreibe die Bezeichnung der Satzglieder jeweils darüber.**

Einst lebte eine berühmte Heilerin. Viele Menschen vertrauten ihrem Wissen. Drei weise Männer wollten den kranken Bürgermeister heilen. Jedoch keiner von ihnen schaffte dies. Da bat die Frau des Kranken die Heilerin um Hilfe. Diese gab der Frau bereitwillig die rettende Medizin. Der Bürgermeister erholte sich sofort. Trotzdem klagten die Leute des Dorfes die Heilerin der Gotteslästerung an. Nun bedurfte sie der Hilfe des Bürgermeisters. Doch er hatte sie vergessen.

Klassenarbeit 2

45 Minuten

AUFGABE 7 **Markiere in dem Text die Subjekte rot und die Prädikate grün.**

Die Geschichte einer Burg

Anfangs bauten die Menschen Holzfestungen. Diese ersten Wehranlagen brannten jedoch schnell. Deshalb errichtete man ab dem 12. Jahrhundert Burgen aus Stein. Während des aufwendigen Burgbaus lebten die Arbeiter meistens auf der Baustelle. Die mächtigsten Burgherren besaßen oftmals mehrere Burgen, da sie über weite Gebiete herrschten. Die Bauern dieser Gebiete unterstanden dem Burgherrn. Sie lebten aber nicht in der Burg, sondern in einem Dorf unterhalb der Festung. Die einfachen Hütten der Bauern bestanden nur aus einem einzigen Raum. In diesem Raum wohnte die Bauernfamilie zusammen mit ihren Tieren. Der Burgherr hingegen besaß viele Wohnräume und Schlafgemächer. In vielen Zimmern brannte im offenen Kamin ein wärmendes Feuer. Die im Winter sehr wichtigen Vorratskammern überwachte die Burgherrin.

AUFGABE 8 **Setze die folgenden Substantive im richtigen Kasus und Numerus in den Text ein. Bestimme dann, welches Satzglied das eingetragene Substantiv bildet.**

> ein Falke – der Hase – sein Herr – die Jagdgesellschaft – Rebhuhn – Wildschwein – sein Jagdpferd – eine Hundemeute – der Hirsch – der Jäger – Gelage – das Wild – ein köstlicher Honigwein

Der Burgherr jagt meistens mit ______________: Der Vogel fliegt hoch, sieht ______________, fliegt auf ihn und tötet ihn. Danach fliegt er zu ______________ zurück. Mit Pfeil und Bogen jagt ______________ Hasen, ______________, Fasane oder ______________. Bei einer Treibjagd reitet der Burgherr auf ______________. ______________ rennt hinter ______________ her, bis das Tier erschöpft ist. ______________ kommen herbei und töten den gestellten Hirsch. Am Abend veranstaltet der Burgherr ein prächtiges ______________, bei dem ______________ gegessen wird. Dabei wird sehr viel Met, das ist ______________, genossen.

TESTEN

AUFGABE 9 **Bestimme die rot hervorgehobenen Satzglieder, indem du sie unten richtig einträgst.**

Früher wurde ein kleiner Junge schon mit zwölf Jahren Knappe.
Mein Vater hat sich die Waffen der Ritter angeschaut.
Auch ich interessiere mich für Schwerter.
Damals fanden auf den Burgen Turniere statt.
Als Preis für den Sieg bekam der Beste Edelsteine.
Der Ehrenpreis wurde dem Sieger vom ausrichtenden Ritter übergeben.

Subjekt:

Prädikat:

Genitivobjekt:

Dativobjekt:

Akkusativobjekt:

präpositionales Objekt:

AUFGABE 10 **Die Burgbesichtigung – Setze die Satzglieder aus dem Wortspeicher so ein, dass ein sinnvoller Text entsteht. Dafür musst du sicher ein bisschen knobeln! Schreibe in dein Übungsheft.**

die Burg – auf die Angreifer – ein Ritter und seine schöne Frau – die Ritterrüstungen – sah – Schießscharten – die Bogenschützen – die Leute auf der Burg – Pech – uns – eine Frau – meine Mutter

1. Bei der Ankunft auf dem Parkplatz Prädikat ich in der Ferne schon Akkusativobjekt.
2. Früher lebten in dieser Burg Subjekt.
3. In den Burgmauern waren Akkusativobjekt, aus denen haben Subjekt geschossen, wenn Feinde Akkusativobjekt überfallen wollten.
4. Die Verteidige der Burg haben Akkusativobjekt präpositionales Objekt gegossen.
5. Die Gemächer des Burgherrn hat Dativobjekt Subjekt gezeigt.
6. Subjekt fand Akkusativobjekt im Museum ganz toll.

TESTEN

Klassenarbeit 3

45 Minuten

AUFGABE 11 **In den folgenden Sätzen fehlt jeweils das Prädikat. Suche ein passendes unter den im Wortspeicher angegebenen Verben und setze es im Präsens in der richtigen Personalform in die Lücke.**

tragen – untersuchen – klingeln – schicken – fürchten

1. Auf der Wache ständig das Telefon.
2. Jeder Polizist eine Pistole bei sich.
3. Die Leitzentrale den Einsatzwagen an den Tatort.
4. Spezialisten die Fingerabdrücke am Tatort.
5. Die Verbrecher den Spürsinn der Kriminalbeamten.

AUFGABE 12 **Wie lauten die ausführlichen Fragen, die dir als Antwort das Subjekt verraten? Trage sie ein und gib dann sowohl das Subjekt als auch das passende Pronomen an.**

1. In der Leitzentrale der Polizei kommen alle Notrufe der Hilfesuchenden an.

   Frage: Was kommt in der Leitzentrale der Polizei an ?

   Subjekt: Pronomen:

2. Ein Bewerber für den Polizeiberuf sollte gesund und sportlich sein.

   Frage: ?

   Subjekt: Pronomen:

3. Wasserschutzpolizisten kontrollieren das Geschehen auf Seen und Flüssen.

   Frage: ?

   Subjekt: Pronomen:

4. Bei einem Staatsempfang begleitet die Motorradstaffel den hohen Besuch.

   Frage: ?

   Subjekt: Pronomen:

5. Polizisten auf Pferden haben bei Demonstrationen einen guten Überblick.

   Frage: ?

   Subjekt: Pronomen:

TESTEN

AUFGABE 13 **Bestimme die rot hervorgehobenen Satzglieder. Formuliere dazu zuerst die Frage, auf die das Satzglied antwortet.**

1. Mit Hunden suchen Hundeführer nach Drogen, Sprengstoffen oder Menschen.

   Frage: ?

   Satzglied:

2. Das Einsatzkommando ist häufig großer Gefahr ausgesetzt.

   Frage: ?

   Satzglied:

3. Der herannahende Einsatzwagen warnt die Autofahrer und Fußgänger mit Martinshorn und Blaulicht.

   Frage: ?

   Satzglied:

4. Der Streifenwagen verfolgt einen flüchtenden Dieb.

   Frage: ?

   Satzglied:

5. Nach der Festnahme wird der alten Frau die gestohlene Tasche zurückgegeben.

   Frage: ?

   Satzglied:

6. Der Kommissar bezichtigt den Verdächtigen eines schweren Verbrechens.

   Frage: ?

   Satzglied:

AUFGABE 14 **Bestimme in den folgenden Sätzen alle Subjekte (S) und Objekte (GO, DO, AO, PO). Schreibe in dein Übungsheft.**

1. Der Polizist schreibt für den Staatsanwalt ein Protokoll über den Diebstahl.
2. Für den Hinweis zur Klärung des Verbrechens hatte die Kriminalpolizei eine Belohnung von 2000 € ausgesetzt.
3. Die alte Frau dankt dem Polizisten für die rasche Klärung des Falls.
4. Sie hat fest mit der Aufklärung des Falls gerechnet.
5. Zur Aufklärung der Straftat bedurfte es einer großen Kombinationsgabe der Ermittler.

TESTEN

3 Rechtschreibung

3.1 Groß- und Kleinschreibung

Großgeschrieben werden:

- **Satzanfänge**

Dies gilt auch für das erste Wort eines selbstständigen Satzes nach einem Doppelpunkt und das erste Wort einer direkten Rede.

Heute komme ich.
Das habe ich dir schon gesagt: **W**ir kommen morgen.
„**J**etzt musst du schweigen", sagte er.

- **Namen**

Auch mehrteilige Eigennamen werden immer großgeschrieben.

Peter – Frau **P**etermann
der **H**eilige **V**ater (= Papst)
der **S**tille **O**zean

- **Höfliche Anredepronomen**

Die Höflichkeitsanrede *Sie* wird immer großgeschrieben. Dies gilt auch für die Pronomen *Ihnen, Ihre, Ihr* usw., die sich auf die angesprochene Person beziehen.

Können **S**ie mir die Uhrzeit sagen?
Kann ich **I**hnen helfen?
Bitte heben **S**ie **I**hre Tasche auf.
Ist das **I**hr Hund?

Das Reflexivpronomen *sich* wird aber immer **kleingeschrieben**.

Bitte nehmen **S**ie **s**ich **I**hr Heft.

Achtung: Bei Personen, die du duzt, benutzt du die Anredepronomen *du, dein, deiner, deine* usw. Diese vertrauliche Anrede schreibt man klein.

Kannst **d**u nicht hören?
Da steht **d**eine Schwester.
Bitte nimm **d**ir **d**ein Heft.

In Briefen darfst du sie jedoch auch großschreiben. Entscheide dich innerhalb eines Textes für eine einheitliche Schreibweise.

Liebe Annika, wie geht es **D**ir / **d**ir?

- **Substantive**

Du erkennst sie daran, dass sie oft einen Artikel bei sich haben oder du einen Artikel voranstellen könntest.

Apfel – **S**onnenschein – **T**uch
der **S**chüler – eine **S**chülerin
die **L**ehrerin – eine **L**ehrerin
das **S**piel – ein **S**piel

Wörter mit den Nachsilben *-ung, -heit, -keit, -nis, -schaft, -ling, -tum* oder *-sal* sind Substantive und werden immer großgeschrieben.

die **U**mleitung – die **F**reiheit – die **S**auberkeit – das **W**agnis – die **G**efangenschaft – der **S**äugling – der **R**eichtum – das **S**chicksal

Substantivierungen (Nominalisierungen) Alle Wörter, die als Substantive gebraucht werden, schreibt man groß – auch dann, wenn sie ursprünglich zu einer anderen Wortart gehören. Die meisten Wortarten können substantiviert werden.	Er lernte eifrig. → Das eifrige **Lernen** brachte ihm eine gute Note ein.
Substantivierte Verben Verben im Infinitiv können als Substantiv gebraucht werden. Häufig ist dann ein Artikel vorangestellt.	Das **Lernen** soll Spaß machen. Das **Springen** vom Beckenrand ist verboten.
Substantivierte Verben können auch nach einem Adjektiv stehen. (Das Adjektiv wird dann kleingeschrieben.)	Das lange **Warten** hatte endlich ein Ende. Ich höre sein lautes **Lachen**.
Wenn der Artikel fehlt, kannst du groß- oder kleinschreiben.	In der Schule lernt man **Schreiben / schreiben**.
Substantivierte Adjektive Adjektive können auch als Substantiv gebraucht werden. Häufig geht dem substantivierten Adjektiv ein Artikel voraus.	Der **Schnellste** gewinnt. Der **Klügere** gibt nach.
Adjektive werden immer dann zu Substantiven, wenn sie nach **unbestimmten Mengenangaben** stehen wie: *allerlei, alles, etwas, genug, nichts, viel, wenig.*	Alles **Liebe** zum Geburtstag! Es erwartete sie viel **Neues**. Sie sahen nichts **Aufregendes**.
Achtung: Adjektive, die sich auf ein Substantiv beziehen, das an einer anderen Stelle im Satz steht, werden kleingeschrieben.	Viele Kunden glauben, dass teure Uhren länger halten als billige (Uhren).
Auch Verbindungen mit *am* und einem Superlativ werden kleingeschrieben.	Sie war am besten.
Alle Wörter, die **keine Substantive** sind, werden **kleingeschrieben,** wenn sie in ihrer ursprünglichen Wortart in einem Satz verwendet werden und nicht am Satzanfang stehen.	*Verben*: spielen, lachen, singen *Adjektive*: blau, schön, gut *Artikel*: der, die, das, ein, eine *Pronomen*: ich, du, er, mein, dein, sein *Präpositionen:* mit, auf, an, durch, für, bei *Konjunktionen*: und, oder, aber, denn, weil

ÜBUNG 1 **Suche aus dem Text alle Substantive heraus: Unterstreiche sie und schreibe sie mit dem bestimmten Artikel im Nominativ Singular auf.**

EINE MENGE HAIE SCHWAMMEN IN
DER REIHE KREUZ UND QUER DURCHS
MEER. DA KAM EIN WAL DAHER, SEIN
ZAHN, DER SCHMERZTE SEHR: „ACH
BITTE, LIEBE HAIE, IN EURER LANGEN
REIHE, HELFT MIR MEIN SCHICKSAL
TRAGEN, SONST GEHTS EUCH AN DEN
KRAGEN. SO FURCHTBAR IST MEIN
SCHMERZ, ER BRICHT MIR FAST DAS
HERZ.“ VOLL MITLEID KAM EIN HAI
MIT MEDIZIN VORBEI. „HIER MUSS
MAN ETWAS TUN, SONST KANNST
DU NIE MEHR RUH'N.“ ES SCHLUCKT
DIE MEDIZIN, DER WAL, UND DAMIT
ENDET SEINE QUAL.

ÜBUNG 2 **Setze im folgenden Texte die fehlenden Anredepronomen ein.**

Lieber Herr Schneider, viele Grüße aus
Paris sendet ___ ___
Schüler Philipp. Diese Stadt ist wirklich
spitze, ___ haben mir nicht zu viel ver-
sprochen. Das, was ___ von ___
Bekannten erzählt haben, der so gerne mit
dem THALYS fährt, kann ich jetzt erst
richtig verstehen. Alles Weitere werde
ich ___ erzählen, wenn wir wieder
in der Schule sind. Grüßen ___ bitte
auch ___ Frau von mir!
___ Philipp

Herrn
Thomas Schneider
Kleine Gasse 3
12347 Großstadt
R. F. Allemagne

ÜBUNG 3 **Bilde aus den Verben und Adjektiven Substantive, indem du die typischen Endungen der Substantive verwendest *(-ung, -keit, -heit, -nis, -sal)*.**

trüb – frei – wagen – untersuchen – sauber – achten – erleben

ÜBUNG 4 **Forme die Sätze um: Setze für die rot hervorgehobenen Wendungen substantivierte Adjektive oder Verben ein.**

1. Auf der Klassenfahrt haben wir manches erlebt, was besonders aufregend war.
2. Aber das, was am besten war, war die Nachtwanderung im Schnee.
3. Da gab es in unserer Klasse einige, die sehr ängstlich waren.
4. Sie glaubten, dass etwas passieren würde, was besonders unheimlich ist.
5. Dass wir so ausdauernd durch die kalte Winternacht gewandert sind, war für einige von uns ziemlich ermüdend.
6. Umso mehr freuten wir uns darauf, dass wir am nächsten Morgen ausschlafen konnten.

WISSEN

Wenn ein Substantiv mit einer Präposition gebraucht wird, ist diese häufig mit dem Artikel zu einem Wort verschmolzen.

am = an dem – **ans** = an das
zum = zu dem – **zur** = zu der
beim = bei dem
vom = von dem
ins = in das

ÜBUNG 5 **Setze passende Artikel, die mit einer Präposition verschmolzen sind, ein.**

_____ Herbstanfang hat mir meine Oma eine Reise _____ Disneyland Paris geschenkt. _____ 20. September geht es also los. Ich fahre _____ ersten Mal _____ Ausland. _____ Kofferpacken fällt mir ein, dass ich noch den Personalausweis _____ Amt abholen muss. _____ Glück ist der Pass _____ Termin noch fertig geworden. Jetzt muss ich also nur noch _____ Weckerstellen denken, dann kann nichts mehr schiefgehen.

ÜBEN

ÜBUNG 6 **Groß oder klein? Setze die passenden Pronomen ein.**

1. Wir gratulieren ___ Sohn zur bestandenen Prüfung. – Die Eltern gratulieren ___ Sohn zur bestandenen Prüfung.
2. Sarah und Simon fahren nach Fuerteventura, denn ___ wollen einmal richtig ausspannen. – Fuerteventura ... wenn ___ einmal richtig ausspannen wollen!
3. Sparen ___ nicht am Futter! Wenn ___ ___ Katze verwöhnen wollen, kaufen ___ LOMPIES! – Weil unsere Nachbarn ___ Katze verwöhnen wollen, sparen ___ nicht am Futter, ___ kaufen LOMPIES.
4. Wahre Genießer wissen, was zählt, ___ gönnen ___ ein Bad mit Rosenextrakt. – Machen ___ ___ das Leben schön, gönnen ___ ___ ein Bad mit Rosenextrakt von SMOOTHBATH!
5. Sehr geehrter Herr Meier, wir danken ___ für ___ Teilnahme an unserem Gewinnspiel. – In dem Brief steht, dass sie ___ für ___ Teilnahme an ___ Gewinnspiel danken.

ÜBUNG 7 **Groß oder klein? Unterscheide zwischen dem Infinitiv des Verbs und einer Substantivierung. Ergänze jeweils den ersten Buchstaben.**

1. Leider kam mein Vater zu spät zum ___ssen. Deshalb begannen wir schon vor ihm zu ___ssen.
2. Vergeblich versuchten wir zu ___tricken. Zum ___tricken haben wir einfach kein Talent.
3. Das ___esen fällt vielen Kindern zunächst schwer, doch Katrin begann sofort zu ___esen.
4. Es ist Kindern verboten, auf der Baustelle zu ___pielen. Zum ___pielen ist es dort zu gefährlich.
5. Beim Konzert der „sagenhaften Sechs" hörten die weiblichen Fans nicht auf zu ___chreien. Vom ___chreien waren sie bald heiser.

3.2 Kurze und lange Vokale

Man unterscheidet zwischen **kurz** und **lang gesprochenen Vokalen.** Sie werden in Wörterbüchern mit einem Punkt (kurzer betonter Vokal) bzw. einem Strich unter dem Vokal (langer betonter Vokal) gekennzeichnet.	*Kurzer Vokal:* Stadt – fremd – Imbiss – Ort – Murmeltier – Qualle – bitte – offen *Langer Vokal:* Reh – früh – Moos – Regel – Scham – Tor – rudern – Süden

Kurze Vokale

Nach einem kurzen **betonten** Vokal folgen meist zwei Konsonanten. ■ Das können zwei verschiedene Konsonanten sein. ■ Hört man nur einen Konsonanten, wird dieser in der Regel verdoppelt (Doppelkonsonant).	La**nd** – Ta**nt**e – To**pf** – Schra**nk** – He**ft** – Ki**st**e – Stu**nd**e – Vo**lk** kna**rr**en – ne**tt** – kli**rr**en – ko**mm**en – blu**bb**ern – ba**gg**ern – ne**nn**en – Ti**pp** – ho**ff**en – kru**mm** – kla**pp**ern – ke**nn**en – kü**ss**en – Mo**tt**e – vo**ll** – kna**ll**en
Nach einem kurzen betonten Vokal kann auch ein Laut folgen, der mit mehreren Buchstaben geschrieben wird: *-chs, -ch, -ng, -sch*.	Fu**chs** – Da**ch** – Di**ng** – Ti**sch**
Es gibt zwei **Ausnahmen** bei der Konsonantenverdoppelung nach kurzem betontem Vokal: ■ statt *kk* schreibt man *ck*; ■ statt *zz* schreibt man *tz*.	ba**ck**en – kna**ck**en – Dre**ck** – Fle**ck** – di**ck** – lo**ck**er – Spu**ck**e – drü**ck**en kra**tz**en – schma**tz**en – he**tz**en – se**tz**en – Wi**tz** – spi**tz** – pro**tz**ig – nu**tz**en
Achtung: Bei Fremdwörtern, die ins Deutsche übernommen wurden, musst du beachten: ■ Hier können die Doppelkonsonanten *kk* und *zz* auftreten. ■ Hier steht oftmals nur ein einfaches *k* nach kurzem betontem Vokal.	Mo**kk**a – Sa**kk**o Pi**zz**a – Ski**zz**e Kriti**k** – Physi**k** – Mathemati**k** – Arti**k**el

WISSEN

Lange Vokale

Die meisten betonten Vokale *(a, e, o, u)* werden ohne ein besonderes Dehnungszeichen lang gesprochen. Auf einen langen Vokal folgt in der Grundform des Wortes ein einzelner Konsonant.	h**ö**ren – h**o**len – l**e**sen – m**a**len l**e**ben – er l**e**bte
Manche Wörter haben zur Kennzeichnung der Vokallänge ein sogenanntes **Dehnungs-h.** In verwandten Wörtern bleibt das Dehnungs-h meist erhalten. Es steht besonders häufig (aber nicht immer!) vor *l*, m, *n*, *r*.	Me**h**l – Sa**h**ne – So**h**le – Sch**uh** Lo**h**n – Lö**h**ne – Tagelö**h**ner – belo**h**nen Za**h**l – Stu**h**l – ne**h**men – Ra**h**m – de**h**nen – So**h**n – bo**h**ren – wo**h**nen – U**h**r – fa**h**ren
Bei anderen Wörtern wird die Länge des Vokals durch einen **Doppelvokal** angezeigt. Allerdings gilt dies nur für die Vokale *a*, *e* und *o*. In verwandten Wörtern bleibt die Vokalverdoppelung erhalten, außer wenn Umlaute entstehen.	**Aa**l – S**ee**le – M**oo**s Kl**ee** – Kl**ee**blatt – Kl**ee**saat S**aa**l – S**aa**lbau – *aber:* S**ä**lchen P**aa**r – P**aa**rtanz – *aber:* P**ä**rchen
Der **lange i-Laut** wird meistens durch *ie* wiedergegeben.	L**ie**be – sp**ie**len – kr**ie**gen – n**ie**mand
Nur in sehr wenigen Wörtern steht das lange i mit Dehnungs-h.	**ih**r – **ih**m – **ih**nen
Wörter mit lang gesprochenem i ohne Dehnungszeichen sind zwar die Ausnahme, werden aber sehr häufig benutzt. Diese musst du dir besonders einprägen.	wir – mir – dir
Die meisten Wörter mit langem i-Laut ohne Dehnungszeichen sind Fremd- oder Lehnwörter.	Maschine – Tiger – Augenlid
Merke: Die beiden Wörter *wider* und *wieder* werden häufig verwechselt. Um sie richtig zu schreiben, musst du ihre Bedeutung unterscheiden: ■ **wieder** im Sinne von *erneut*, *noch einmal* oder *zurück*, ■ **wider** im Sinne von *gegen*.	**wieder**kommen = *noch einmal kommen, zurückkommen* **wider**sprechen = *gegen etwas oder jemanden sprechen*

WISSEN

ÜBUNG 8 **Kurz oder lang? Unterstreiche jeweils den betonten Vokal und bestimme seine Länge. Trage die Wörter in die entsprechende Tabellenspalte ein.**

Blume – sieben – Locke – Witz – malen – Rose – List – rot – Sonne – nehmen – Wand – rufen – bunt

Langer Vokal	Kurzer Vokal

ÜBUNG 9 **Bilde Wortfamilien: Schreibe dazu möglichst viele Wörter von verschiedenen Wortarten zu den jeweiligen Grundwörtern in dein Übungsheft.**

1. hören 2. nehmen 3. viel 4. nahe 5. Segen 6. Haar

ÜBUNG 10 **Bilde zusammengesetzte Wörter. Ein Bestandteil soll immer ein Wort mit Doppelvokal sein – egal, ob im vorderen oder im hinteren Wortteil. Achtung: Am Ende sollen alle Wörter verwendet worden sein!**

Beeren	Personen	
Schnee	Tasse	
Saal	Mann	
Speer	Huhn	
Moor	Wurf	
Kaffee	Schaufel	
See	Obst	
Waage	Ball	

ÜBEN

ÜBUNG 11 In dem Buchstabenquadrat sind senkrecht und waagrecht elf Wörter mit Doppelkonsonanten versteckt. Umrahme sie farbig! Achte auf die Sonderregel für das verdoppelte k und das verdoppelte z.

R	U	M	M	E	L	F	S	C	H	P	A	S
R	O	O	T	V	Q	D	C	H	X	A	W	T
E	M	T	A	G	I	J	H	S	Q	P	Z	I
S	B	T	R	U	Y	U	W	L	L	P	H	M
T	K	E	T	T	E	I	I	F	N	E	R	M
A	Y	E	A	E	T	I	M	G	R	E	V	E
M	K	L	N	E	B	O	M	U	R	C	E	N
P	E	N	N	R	F	L	B	A	B	U	L	A
E	N	W	E	E	K	K	A	T	Z	E	F	N
L	K	I	N	N	H	L	D	E	R	C	E	L
U	L	E	N	B	E	L	R	I	S	K	I	C
H	T	K	D	E	C	K	E	L	E	E	P	R
V	P	O	Z	K	B	L	E	V	E	X	H	A

ÜBUNG 12 Bilde möglichst viele Wörter zu den folgenden drei Stammsilben.

-atz- **-itz-** **-eck-**

WISSEN

Wortzusammensetzungen mit ***wieder*** werden
- im Sinne von *nochmals, erneut* **getrennt geschrieben,**
- im Sinne von *zurück* **zusammengeschrieben.**

Das werde ich nie **wieder tun**.

Das werde ich dir **wiedergeben**.

Wortzusammensetzungen mit ***wider*** (im Sinne von *gegen*) werden immer **zusammengeschrieben.**

Sie konnten sich dem Einfluss des Herrschers nicht **widersetzen**.

ÜBUNG 13 **Unterscheide *wieder* (im Sinne von *zurück*) und *wider* (im Sinne von *gegen*). Bilde dazu zusammengesetzte Verben aus den folgenden Infinitiven. Schreibe in deinem Übungsheft zunächst alle Verben auf, die mit *wider-* beginnen, dann alle mit *wieder-*.**

geben - holen - sprechen - herstellen - bringen - stehen - legen - spiegeln - rufen

ÜBUNG 14 **Mit oder ohne Dehnungs-h? Ergänze die Lücken: Entscheide, ob der betonte Vokal mit Dehnungs-h stehen muss. Wenn kein h gesetzt werden muss, trägst du einen Strich in die Lücke ein.**

Einst le __ bten in den Wäldern Irlands gefürchtete Die __ besbanden, die sich darauf verle __ gt hatten, reichen Da __ men i __ re Juwe __ len zu ste __ len. O __ ne Vorwa __ rnung na __ men sie den Reisenden i __ re Kutschen ab und lie __ ferten sie den Gefa __ ren der Wälder aus. Die meisten Besto __ lenen we __ rten sich nicht und fle __ ten nicht um Gna __ de. Sie hatten wo __ l auch keine andere Wa __ l.

WISSEN +

In der Vorsilbe *ur-* und den Nachsilben *-tum, -sal, -bar* und *-sam* werden die Vokale zwar lang gesprochen, es stehen aber keine Dehnungszeichen.

Urlaub – uralt – Reichtum – Irrtum – Schicksal – Scheusal – machbar – erreichbar – langsam – empfindsam

ÜBUNG 15 **Bilde aus den folgenden Wörtern Adjektive und Substantive mit der Vorsilbe *ur-* oder den Nachsilben *-tum, -sal, -bar, -sam* und trage sie in eine Tabelle in deinem Übungsheft ein. Manche Wörter lassen sich in mehrere Spalten eintragen.**

Sprung - Christen - mühen - fahren - Wunder - selten - lang - alt - Frucht - schicken - Alter - ehren - rinnen - Furcht - genießen - Zeit

Ur- / ur-	-tum	-sal	-bar	-sam
Ursprung	Christentum			

Fortsetzung der Tabelle im Übungsheft

3.3 Schreibung der s-Laute

Die Schreibung der s-Laute gilt als schwierig, da es für einen einzigen Laut im Deutschen drei Schreibungen gibt: *s*, *ss* und *ß*.	Hose – Dose – Nase – Hase – düsen Kissen – küssen – Biss – Tasse – Schluss Floß – Soße – Fleiß – Maß – vergaß – besaß
Nach einem **Konsonanten** steht immer ein einfaches ***s***.	Erbse – Pinsel – Gans – Wurst – bremsen
Stimmhaft (weich) gesprochene s-Laute stehen immer mit einfachem ***s***.	Rosen – Rasen – lesen – Besen – Musik
Stimmlos (hart) gesprochene s-Laute werden mit einfachem ***s*** geschrieben, wenn bei **Verlängerung** des Wortes ein **stimmhafter** s-Laut gesprochen wird.	Glas – Gläser Eis – eisig Moos – Moose
Ein ***ß*** steht nur nach einem **langen Vokal** oder **Diphthong** (Doppelvokal), wenn der s-Laut **stimmlos** (hart) gesprochen wird.	groß – Fuß – Spaß – schließen – süß heiß – Strauß – scheußlich – äußern
Der Doppelkonsonant *ss* steht nach einem **kurzen Vokal** am Ende des Wortstammes. *Achtung:* Steht der s-Laut zwischen einem kurzen Vokal und *t*, musst du genau prüfen, wo der Wortstamm endet!	Schloss – gewiss – Kass-e – ess-en – wuss-te – geküss-t gefass-t – vergess-t Ast – rest-lich – hast-ig
Wenn sich bei verwandten Wörtern die Länge oder Kürze des Vokals vor dem s-Laut ändert, schreibst du entsprechend nach kurzem Vokal *ss*, nach langem Vokal und Diphthong *ß*.	lassen – er ließ vergessen – sie vergaß gießen – er goss schießen – geschossen reißen – gerissen
Merke: Die Substantiv-Endung *-nis* wird im Plural zu *-nisse*. Bei einzelnen Substantiven verdoppelt sich im Plural das *s* am Wortende.	Ereignis – Ereignisse Erlebnis – Erlebnisse Gefängnis – Gefängnisse Kürbis – Kürbisse Bus – Busse

ÜBUNG 16 **Schreibe die Wörter so in die Kästchen, dass sich in den grauen Feldern das jeweilige Lösungswort ergibt (Achtung: *ß* ist in dieser Übung als ein Buchstabe einzutragen).**

1. Eine Hülsenfrucht:

Riese
Greis
Biss
Fluss
Hose

Lösungswort:

2. Haus des Königs:

lösen
schließen
Geheimnis
floss
Floß
Wissen
Genuss

Lösungswort:

3. Verkehrsweg:

nass
Iltis
Kürbis
Klasse
Maß
Abreise

Lösungswort:

ÜBUNG 17 Trage die abgebildeten Begriffe ein (ß = ein Buchstabe). Die Anfangsbuchstaben ergeben das Lösungswort.

ÜBUNG 18 Sortiere nun die gefundenen Wörter aus Übung 17 in die Tabelle ein.

s	ss	ß

ÜBUNG 19 Konjugiere die Verben *essen* und *lesen* im Singular.

	Präsens	Präteritum	Perfekt
essen:			
lesen:			

ÜBUNG 20 **In den folgenden Sätzen fehlen die s-Laute. Entscheide, ob *s*, *ss* oder *ß* eingesetzt werden muss.**

1. Der Koch mi___t den Zucker für die Nu___so___e ab.
2. Der Mann verga___ zum Schlu___ die Ro___en zu gie___en.
3. Hei___e Wür___tchen i___t mein gro___er Bruder am liebsten.
4. Schlie___lich ra___te der Hund auf die Stra___e und zerri___ die Ho___e.

ÜBUNG 21 **Führe nun ein Eigendiktat zum s-Laut durch oder lasse dir den Text von jemandem diktieren.**

Tipps zum Eigendiktat:
1. Lies den gesamten Text einmal gründlich durch.
2. Decke den Text so ab, dass du nur eine Textzeile siehst.
3. Merke dir diese Textzeile und schreibe sie auswendig in dein Heft.
4. Arbeite dich Satz für Satz bis ans Textende durch.
5. Lies den Text, den du geschrieben hast, noch einmal gründlich durch.
6. Vergleiche deinen Text mit der Vorlage und streiche deine Fehler an.

Das Horoskop

Wassermann:
Lassen Sie bloß die Finger von großen beruflichen Veränderungen. Sie haben sich zwar in letzter Zeit in besonderer Weise durch Ihr Wissen hervorgetan, doch sind die Ergebnisse Ihrer Bemühungen eher dürftig. Lassen Sie aber den Kopf nicht hängen, sondern bauen Sie auf dem Erreichten auf. *(46 Wörter)*

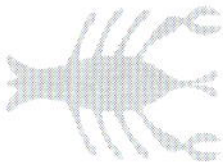

Krebs:
Große Ereignisse werden geschehen, von denen Sie heute noch gar nichts wissen. Aber Sie müssen noch ein bisschen warten. Dann wird das Geheimnis gelüftet. Vielleicht ein neues Familienmitglied, ein Lotteriegewinn oder ein Umzug? Jedenfalls werden die nächsten dreißig Tage ein Erlebnis! *(42 Wörter)*

Waage:
Achten Sie auf Ihre Gesundheit! Sie leiden unter zu viel Stress und ernähren sich nicht richtig. Essen Sie mehr Nüsse, Kartoffelklöße, Kürbisse und Linsen. Und essen Sie mit mehr Genuss und Muße. Jeder Bissen muss langsam gekaut und verdaut werden, sonst werden Sie missmutig. *(47 Wörter)*

Widder:
Sie werden eine Reise tun. Vielleicht machen Sie eine Schiffsreise auf einem großen Fluss oder Sie fahren per Bus durch Asien. Wie Sie sich auch fortbewegen werden, Sie müssen Reißaus vor dem Alltag nehmen. *(35 Wörter)*

Klassenarbeit 1

60 Minuten

AUFGABE 1 **Schreibe den Text mit der richtigen Groß- und Kleinschreibung ab.**

GESTERN KAM DER ZIRKUS IN UNSERE STADT. SCHON AM VORTAG HATTEN DIE MÄNNER VOM ZIRKUS DIE PLAKATE AUFGEHÄNGT UND WAREN MIT LAUTSPRECHERN AUF DEM DACH DURCH DIE STADT GEFAHREN: „ACHTUNG, ACHTUNG! AB MORGEN GASTIERT DER ZIRKUS LUFTIKUS IN IHRER STADT. DIE VORSTELLUNGEN SIND JEDEN ABEND UM 20:00 UHR, DIE KINDERVORSTELLUNGEN TÄGLICH UM 16:00 UHR." AM NÄCHSTEN TAG BEGANN MAN SOFORT DAMIT, DAS RIESIGE ZELT AUFZUBAUEN. VIELE KINDER SCHAUTEN DER MANNSCHAFT NEUGIERIG BEI IHRER ARBEIT ZU. DAS AUFBAUEN DAUERTE NUR EINEN VORMITTAG, DANN GING ES ENDLICH LOS. ZUR ERSTEN VORSTELLUNG STRAHLTE DEN GÄSTEN VON DER ZIRKUSKUPPEL EIN TIEFES BLAU ENTGEGEN.

AUFGABE 2 **Setze den richtigen s-Laut ein und bilde die Pluralformen.**

Singular	Plural	Singular	Plural
Flo		Flu	
Ergebni		Bi	
Hinderni		Bu	
Kürbi		Ku	
Gru		Klo	
Kroku		Lau	
Verlie		Auswei	

AUFGABE 3 **Setze die fehlenden Buchstaben ein.**

Mark Twain wurde am 30. November 1835 in einem ___ leinen Dorf in Florida geboren. Das Dorf z ___ lte nur etwa ___ undert Einw ___ ner, sodass die Geburt des kleinen ___ ungen ein gro ___ es Ereignis darstellte. D ___ ses Dorf hatte nur zwei echte Stra ___ en, die übrigen W ___ ge waren lediglich Fu ___ wege entlang der rie ___ igen Mai ___ felder. Bei na ___ em Wetter überz ___ g die Wege ein z ___ er Schlamm, bei tro ___ enem eine feine Staubschicht. Die meisten Häuser w ___ ren einfache Blo ___ häuser.

TESTEN

AUFGABE 4 **Korrigiere im folgenden Text alle Fehler – es sind 21!**

ACHTUNG FEHLER

Selbst die kirche war ganz aus Holtz. Der Bolenboden bestand aus grohben Stämmen und wahr nicht mit Teppich bedeckt. Wen jemand zufälig etwas fallen ließ, so verschwand dies auf Nimmerwihdersehen zwischen den Spalten der grossen Bretter. Da die Kirche auf kurzen Holzpflökken stannd, hausten dort unten Schweine, Kazen und Hunde, die den Gottesdienst des Pfarers stöhrten, wenn die Tiere nicht gerade schliefen. An Wochentagen wurde die Kirche als schule benuzt. Es gab auch ein Geschäfft im Dorf, dessen Besizer mein Onkel war. Es war ein sehr Bescheidener laden, in dem es lediglich ein paar Gerätschaften wie Behsen, Äxte, Hacken und dergleichen zu kaufen gab.

AUFGABE 5 **Schreibe den folgenden Text als Schleichdiktat in dein Übungsheft. Versuche, dich nach den farblich gekennzeichneten Sinnabschnitten zu richten.**

Mit dem Schleichdiktat verbesserst du nicht nur deine Rechtschreibung, sondern auch deine Konzentrationsfähigkeit. Und so funktionierts:

1. Lies den Diktattext einmal gründlich durch.
2. Lege den Text an eine Stelle, zu der du vom Arbeitsplatz aus hingehen musst.
3. Merke dir einen überschaubaren Sinnabschnitt, gehe an deinen Arbeitsplatz zurück und schreibe den Text auswendig auf. Arbeite dich so nach Sinnabschnitten durch den gesamten Diktattext.
4. Lies deinen Text noch einmal gründlich durch.
5. Vergleiche deinen Text mit der Vorlage.

Der Rattenfänger (nach den Brüdern Grimm)

Der Rattenfänger kennt einen gewissen Ton, den braucht er bloß zu pfeifen, dann ziehen ihm alle Ratten dorthin nach, wo er sie haben will. Einmal konnte die Stadt Hameln ihre Ratten gar nicht mehr loswerden. Da ließ man den Rattenfänger holen und versprach ihm guten Lohn, wenn er die Stadt von der Plage befreite. Dieser zog sein Pfeifchen und führte alle Ratten und Mäuse zum Wasser, in das sie hineinstürzten und ertranken. Die Bürger Hamelns aber verweigerten dem Mann den versprochenen Lohn, sodass er verbittert wegging. Eines Tages erschien der Mann wieder, diesmal allerdings in Gestalt eines Jägers. Wieder ließ er seine Pfeife in den Gassen ertönen. Alsbald kamen alle Kinder der Stadt aus den Häusern, Jungen und Mädchen folgten dem Spielmann nach. Er führte sie alle hinaus in einen Berg, wo er verschwand.

Klassenarbeit 2

45 Minuten

AUFGABE 6 **Setze im folgenden Text die fehlenden *s*-Laute ein.**

Die Ameise (Mark Twain)

Auf einer Wanderung im badischen Schwarzwald verfolgte ich einmal mit Aufmerk amkeit die Amei e bei ihrer em igen Arbeit. Ich entdeckte jedoch nichts Neue an ihr, und be onders nichts, wa mir eine höhere Meinung von ihr beigebracht hätte.

Mir scheint, da die Ameise au erordentlich überschätzt wird, be onders wa ihren Verstand betrifft. Ich habe sie nun schon manchen Sommer hindurch beobachtet, während ich etwa Be eres hätte tun können, und bi jetzt habe ich noch keine einzige ge ehen, die bei ihrer Arbeit auch nur den geringsten Sinn und Verstand gezeigt hätte. Ihren Flei will ich durchau nicht bestreiten: In der ganzen Welt arbeitet niemand so angestrengt als sie, nur ihre Hohlköpfigkeit habe ich an ihr au zusetzen.

AUFGABE 7 **Streiche im folgenden Text die falsch geschriebenen Wörter an und schreibe sie in korrigierter Form an den Rand.**

ACHTUNG FEHLER

Sie rent gegen einen Kiselstein, und anstat in zu umgehen, klettert sie rückwärts hinauf, zert ihre Beute hinter sich her, kuhgelt auf der andern Seite hinunter, springt wühtend auf, schütelt sich den Staub aus den Kleidern, wischt sich die Hände ab und greift girig nach irem Eigentuhm, stöhßt es hierhin und dorthin, schibt es jetzt vor sich her, dret sich dann um und zert es weiter, mit imer wilderer Gebärde, bis sie es plözlich wider hoch in die Luft hebt und nach einer ganz neuen Richtung fortrent.

AUFGABE 8 **Schreibe den folgenden Textabschnitt richtig in dein Übungsheft.**

betrachtenwirsieeinmal, wennsieaufbeuteausgeht. siehateinenfanggetan; aberw asmachtsiedann? gehtsieetwanachhause? durchausnicht, geradeimgegenteil; sieweißnichtmehr, woihrewohnungistundkannsienichtfinden, wennsieauchkaum dreifußdavonentferntist. sietuteinenfang, habeichgesagt, abergewöhnlichistdas dingzehnmalsogroß, alsesseinsollte, siefasstesgeradeamunbequemstenendeanun dhebtesmitallergewaltindiehöhe; dannträgtsieesfort, nichtnachhause, sonderni nentgegengesetzterrichtung, nichtruhigundbedächtig, sondernmitrasendereile, beidersieihrekräfteunnützvergeudet.

AUFGABE 9 **Setze im folgenden Textabschnitt die richtigen Buchstaben bzw. Buchstabenkombinationen aus dem Wortspeicher ein.**

eh - ieh - ih - ll - mm - mm - nn - öh - öß - pp - ss -ss - tt - tt - tz - tz - u - z

Nun st t sie auf eine Pflan e, es fä t r aber gar nicht ein herumzugehen – nein, sie mu hinaufkle ern, bis oben in die Spi e und noch dazu ihren ganz wertlosen Besi hinter sich herz en, was ungefähr ebenso klug ist, als we ich einen Sack M l von Heidelberg nach Paris über den Straßburger Kirchturm schle en wollte. Wenn sie hinaufko t, sieht sie, da sie nicht am rechten Ort ist, wirft einen flüchtigen Blick auf die Gegend, kle ert oder k gelt hinunter und ni t einen neuen Anlauf – wie gew nlich in einer anderen Richtung.

AUFGABE 10 **Setze die passenden i-Laute ein.**

Dass d Ameise s ch w der und w der m t v l zu großen Beutestücken herumplagt, st absolut w ders nn g. An einem Punkt aber muss ch Mark Twain w dersprechen: Dass d Ameise re Fehler mmer w derholt, verärgert m ch n cht, sondern es amüs rt m ch. Meine Freund n f ndet Ameisen w derlich, ch f nde, dass s n dl ch s nd.

Klassenarbeit 3

45 Minuten

AUFGABE 11 **Streiche im folgenden Text die Fehler an und schreibe die korrigierten Wörter in dein Übungsheft.**

ACHTUNG FEHLER

Der Raketenwagen (Wernher von Braun)

Wenn ich zurückdenke, mit welchem leichtsin und welch unverschämter dumheit ich meine ersten Raketenversuche unternam, so sträuben sich mir noch heute die hahre – ich war dreizen Jaare alt und hatte mir überhaupt keinen gedanken darüber gemacht, das jede Rakete, die imstande ist zu fligen, auch explodiren kann und dass das spielen mit Feuerwerksraketen in der Garage oder auf der strasse eine höchst gefährliche angelegenheit ist.

AUFGABE 12 **Setze in den folgenden Sätzen die richtigen s-Laute ein.**

Überhaupt war mir damal   viele   noch ziemlich unklar. Meine Zen   uren waren nicht nur mä   ig,   ie waren au   gesprochen lau   ig. Ich tat nur da   , wa   mir Spa   machte, und da   waren mei   tens Dinge, die nicht auf dem Lehrplan un   erer Kla   e standen. Da   ich auf die   e Wei   e weder zu Hau   e noch in der Schule gro   e Lorbeeren ernten konnte, merkte ich er   t, al   es bereit   zu spät war und ich mit Pauken und Trompeten,   ehr zum Ent   etzen meiner Eltern, in der achten Kla   e kleben blieb.

AUFGABE 13 **Kennzeichne in den folgenden Sätzen die Länge der rot hervorgehobenen Vokale mit einem Punkt (Kurzvokal) oder einem Strich (Langvokal) unter dem Buchstaben.**

Ich besuchte damals das Französische Gymnasium in Berlin. Meine Interessen schwankten hin und her zwischen Technik, Naturwissenschaft und Musik. Im Schulorchester spielte ich Cello und zu Hause mit meiner Mutter Klavier. Sie hatte die Geduld aufgebracht, vierhändige Sonaten mit mir einzuüben. Außerdem versuchte ich mich an eigenen, allerdings etwas dünnen Kompositionen und schwelgte des Öfteren in Träumen von einer erfolgreichen Komponistenlaufbahn.

AUFGABE 14 **Löse das folgende Silbenrätsel und setze die Wörter in den Text ein. Schreibe dazu den vollständigen Text richtig in dein Übungsheft.**

an - an - be - ber - de - der - er - ge - gen - gen - gen - gend - gun - gung - ju - le - lung - nis - rung - schau - scheh - se - spruch - stren - tun - un - ü - wi - wun - zei - zie

(1) Zeit zwischen Kindheit und Erwachsenenalter:

(2) Gegenteil von Zustimmung:

(3) Meinung (Plural):

(4) Verehrung:

(5) Ereignis (Plural):

(6) erfolgreicher Abschluss eines Vorhabens:

(7) Einsatz, Engagement:

(8) Informationsmedium (Plural):

(9) Gedanken (Plural):

DER HELD MEINER (1) WAR JEDOCH NIKOLAUS KOPERNIKUS. ER WAR DER ERSTE, DER ES WAGTE, IM (2) ZU DEN DAMALIGEN (3) DER KIRCHE UND DER GELEHRTENWELT ZU ERKLÄREN, DASS NICHT DIE ERDE, SONDERN DIE SONNE DER MITTELPUNKT UNSERES WELTALLS IST. DOCH WURDE ICH MEINER (4) FÜR DIE GEISTESTATEN DES KOPERNIKUS BALD DURCH WESENTLICH NÄHERLIEGENDE UND AUFSEHENERREGENDERE (5) ABGELENKT. MAX VALIER, EINER DER EINFALLSREICHSTEN UND AKTIVSTEN FÖRDERER DES EINSATZES VON RAKETEN ALS ANTRIEB ZUR (6) HOHER GESCHWINDIGKEITEN, HATTE SICH MIT FRITZ VON OPEL, DEM BEKANNTEN DEUTSCHEN AUTOMOBILFABRIKANTEN, ZUSAMMENGETAN: IN GEMEINSAMER (7) ENTWICKELTEN SIE EINEN DURCH RAKETEN ANGETRIEBENEN WAGEN, MIT DEM SIE NEUE GESCHWINDIGKEITSREKORDE AUFSTELLTEN: DIE (8) WAREN VOLLER SCHLAGZEILEN ÜBER DIE KÜHNEN, WENN AUCH NICHT IMMER VON ERFOLG GEKRÖNTEN VERSUCHE, DIE MEINE FANTASIE UND MEINEN UNTERNEHMUNGSGEIST ZU WILDEN (9) ANREGTEN.

4 Zeichensetzung

4.1 Satzarten – Satzschlusszeichen

Am Ende eines Satzes steht ein **Satzschlusszeichen.** Mithilfe von Punkt, Frage- oder Ausrufezeichen wird ein Text übersichtlicher und leichter lesbar.	*Aussagesatz:* Harry holt den Wagen. *Fragesatz:* Harry, holst du mal den Wagen? *Aufforderungssatz:* Harry, hol bitte den Wagen!
Am Ende eines abgeschlossenen und vollständigen Satzes, der aus mindestens einem Subjekt und einem Prädikat bestehen muss, steht ein **Punkt.** Der folgende Satz beginnt wieder mit einem Großbuchstaben.	Stefan trinkt eine Tasse Kaffee. Harry parkt ein.
Achtung: Überschriften schließen nie mit einem Punkt!	Überfall auf hilflose Rentnerin
Ausrufe, Aufforderungen, Befehle und Anreden werden mit einem **Ausrufezeichen** abgeschlossen.	Ach Stefan, trink doch erst mal einen Kaffee!
Auch besonders wichtige Aussagen können durch den Gebrauch eines Ausrufezeichens hervorgehoben werden.	Du bist mir der liebste Mensch auf Erden!
Am Ende eines Fragesatzes steht ein **Fragezeichen.** Es gibt Fragen, die mit einem Fragewort (z. B. *wer?, wie?, was?, wo?*) beginnen, und sogenannte Entscheidungs- oder Satzfragen, die sich durch ihre Wortstellung von einem Aussagesatz unterscheiden (↑ Kap. 2.2).	*Wer* kommt morgen? Kommst du morgen?
Anstatt eines Aufforderungssatzes kannst du oftmals auch einen Frage- oder einen Aussagesatz benutzen.	Hör doch mal! Kannst du nicht hören? Er kann nicht hören.

ÜBUNG 1 **Schreibe den Text ab. Setze dabei nach jedem vollständigen Satz ein passendes Satzschlusszeichen. Denke an die korrekte Schreibung der Satzanfänge.**

SCHENKEN SIE UNS FÜNF MINUTEN AUFMERKSAMKEIT ES GEHT UM DIE SICHERHEIT IHRER KINDER IMMER MEHR KINDER STERBEN IM STRASSENVERKEHR DAS MUSS NICHT SEIN WOLLEN SIE NOCH LÄNGER TATENLOS ZUSEHEN DURCH GESCHWINDIGKEITSBEGRENZUNGEN KÖNNTEN VIELE UNFÄLLE VERMIEDEN WERDEN WIR ELTERN SETZEN UNS DAFÜR EIN MACHEN AUCH SIE BEI UNSERER AKTION MIT

ÜBUNG 2 **Welche der folgenden Sätze sind Fragen? Ergänze in roter Schrift die Fragezeichen, die anderen Satzschlusszeichen in schwarzer Schrift.**

A: Wo warst du gestern

B: Hast du mich gesehen

A: Wie alt ist sie

B: Das geht dich gar nichts an

A: Jetzt sag schon

A: Wer war das

B: Das sage ich dir doch nicht

A: Bist du sauer

B: Warum fragst du

A: Ich meine nur so

ÜBUNG 3 **Ordne die Fragen aus Übung 2 in die Tabelle ein.**

Frage mit einem Fragewort	Satz- bzw. Entscheidungsfrage

ÜBUNG 4 **Setze im folgenden Text die fehlenden Satzschlusszeichen.**

Gullivers Reise nach Liliput (nach Jonathan Swift)

Das Schiff fuhr nach Ostindien und ich hatte als Arzt nicht viel zu tun Doch eines Nachts gerieten wir in einen fürchterlichen Sturm Welch ein Unwetter zog über uns her Nach mehreren Tagen Kampf gegen die Naturgewalten zerbrach die „Antilope" und versank Was sollte jetzt aus mir werden Ich trieb ohne Hoffnung auf Rettung allein auf den Wellen durch die dunkle Nacht Da, plötzlich fühlte ich Grund unter meinen Füßen Wo war ich Ich stolperte durch den nassen Sand und betrat festen Boden Nirgends sah ich Zeichen menschlichen Lebens Nun, fürs Erste war ich gerettet Beruhigt schlief ich ein

Am nächsten Morgen wollte ich mich wohlig in der warmen Sonne räkeln Doch was war das Ich konnte mich nicht bewegen Jetzt wollte ich mich aufsetzen Es misslang Noch nicht einmal den Kopf konnte ich bewegen Was war in der Nacht geschehen

Mit langsamen Bewegungen versuchte ich, den Kopf aus seiner seltsamen Starre zu befreien Nach Verlust mehrerer Haare konnte ich den Kopf wenigstens so weit bewegen, dass ich an mir hinunterschauen konnte Ich war von Kopf bis Fuß gefesselt Doch wer hatte dieses Kunststück vollbracht

ÜBUNG 5 **Forme den Aufforderungssatz in einen Frage- oder Aussagesatz um. Der Sinn soll dabei derselbe sein.**

1. Aufforderung: Gib mir den Hammer!
   Frage: Könntest du mir bitte den Hammer geben?
2. Aufforderung: Mach mal die Tür auf!
   Aussage:
3. Aufforderung: Sei still!
   Frage:
4. Aufforderung: Steh endlich auf!
   Aussage:
5. Aufforderung: Lies vor!
   Frage:

4.2 Komma zwischen Wörtern, Wortgruppen und Sätzen

Ein **Komma** steht:

- bei der **Aufzählung** von Wörtern und Wortgruppen, die nicht durch eine Konjunktion (z. B. *und, oder*) verbunden sind.

Zur Leichtathletik gehören folgende Sportarten: Laufen, Springen, Werfen, Stoßen.
Ich packe die kuschelige Mütze, den roten Pullover **und** die blaue Hose ein.

Bei der Reihung von Adjektiven gibt es eine Besonderheit: Wenn sich das erste Adjektiv weniger auf das Substantiv als auf das zweite Adjektiv bezieht, steht kein Komma.

Zum Arbeiten im Garten trage ich meinen **alten blauen** Pullover. (Und nicht meinen neuen blauen Pullover.)

- zwischen **Hauptsätzen,** die ohne eine Konjunktion aneinandergereiht werden. Einen Hauptsatz erkennst du daran, dass er alleine stehen kann und die Personalform des Verbs (↑ Kap. 1.3) an zweiter Satzgliedstelle steht.

Pia spielt mit den Mädels ihrer Clique Fußball**,** Tim geht mit seinen Freunden shoppen**,** Peter bleibt lieber zu Hause und spielt am PC.
Pia **geht** mit den Mädels ihrer Clique shoppen.
Tim **bleibt** lieber zu Hause und spielt am PC.

- zwischen **Nebensatz und Hauptsatz.** Einen Nebensatz erkennst du daran, dass er nicht alleine stehen kann und die Personalform des Verbs an letzter Satzgliedstelle steht.

Tim spielt nicht mit dem Computer,
weil er keine Lust dazu hat.
Peter weiß noch nicht,
ob er heute shoppen geht.

- wenn Wörter, Wortgruppen und Sätze mit **entgegensetzenden Konjunktionen** verbunden werden.
- wenn Hauptsätze mit begründenden Konjunktionen wie *denn* oder mit Adverbien wie *dann, deshalb, trotzdem* verbunden sind.

Peter ist klein**, aber** stark. Tim ist sehr intelligent**, aber** oft unkonzentriert. Pia geht ins Stadion**, aber** Tim geht ins Freibad.
Tim geht ins Freibad**, denn** dort trifft er Lars.
Pia ist manchmal etwas faul**, trotzdem** erzielt sie gute Leistungen.

Werden Wörter oder Wortgruppen durch **anreihende Konjunktionen** (z. B. *und, oder, sowohl ... als auch*) verbunden, steht **kein Komma.**
Werden Hauptsätze mit anreihenden Konjunktionen verbunden, musst du auch kein Komma setzen, du **darfst** es aber!

Achtung: Dies gilt nur für Hauptsätze!

Peter oder Tim, einer von beiden muss sich heute um die kleine Schwester kümmern.
Entweder Peter oder Tim muss sich heute um die kleine Schwester kümmern.
Entweder hat Peter keine Zeit zum Fußballspielen(,) oder er hat keine Lust dazu.

ÜBUNG 6 **Bestimme im folgenden Text, ob es sich um einen Haupt- oder einen Nebensatz handelt, indem du alle Hauptsätze blau, alle Nebensätze grün unterstreichst.**

Stadtmaus und Feldmaus (nach Martin Luther)

Eine Stadtmaus ging einmal spazieren, als ihr eine Feldmaus begegnete. Die Feldmaus gab der Stadtmaus gerne von ihren Vorräten ab. Weil die Feldmaus aber nur Früchte des Waldes und Feldes besaß, lud die Stadtmaus sie zu einem Besuch bei sich ein. Ihre Speisekammer war randvoll mit herrlichen Speisen. Es gab Brot, Schinken, Speck, Kuchen und allerlei mehr. Da kam aber der Besitzer der Speisekammer herein und die Mäuse suchten zitternd vor Angst ein Versteck. Die Stadtmaus floh sofort in ihr Mäuseloch. Da die Feldmaus sich aber nicht auskannte, fand sie kein sicheres Versteck und wäre beinahe umgekommen. Nach diesem Erlebnis wollte die Feldmaus schnell wieder nach Hause. „Bleibe du ruhig eine feine Stadtmaus. Ich will ein armes Feldmäuschen bleiben und bescheiden meine Eicheln und Nüsse essen. Hier in der Stadt fühle ich mich nicht sicher, weil es überall Gefahren gibt. Allein auf dem Land bin ich frei und sicher in meinem Feldlöchlein."

ÜBUNG 7 **Entscheide, ob ein Komma zwischen den Sätzen stehen muss. Dabei hilft dir die Unterscheidung zwischen Hauptsatz und Nebensatz.**

1. Bis wir uns wiedersehen ___ werde ich jeden Tag an dich denken.
2. Ich denke an dich ___ und wir sehen uns bestimmt wieder.
3. Wir treffen uns in Hamburg ___ oder wir sehen uns in Berlin wieder.
4. Das erste Mal sahen wir uns in Hamburg ___ das nächste Mal trafen wir uns in Berlin.
5. Für nächstes Jahr planen sie einen gemeinsamen Urlaub ___ oder sie bleiben zu Hause.
6. Obwohl ein gemeinsamer Urlaub geplant war ___ blieben sie lieber zu Hause.

ÜBUNG 8 **Schreibe nach den Stichwörtern ein Rezept für Biskuitrolle in ganzen Sätzen. Achte auf die richtige Kommasetzung!**

Zutaten:
4 Eier – 150 g Zucker – Prise Salz – 2 Esslöffel warmes Wasser – 100 g Mehl – 2 Teelöffel Backpulver – 2 Päckchen Vanillepuddingpulver

Arbeitsschritte:
❶ steif geschlagenes Eiweiß – Zucker – Salz – Wasser – in Schüssel – mit Mixer schaumig rühren – ❷ vorsichtig mit dem Eigelb verrühren – ❸ Mehl – Backpulver – Puddingpulver – sieben – mischen – vorsichtig mit Eier-Zuckermasse verrühren – ❹ Teig auf Backblech gleichmäßig verteilen – 20 Minuten – 180 °C backen – ❺ Geschirrtuch zuckern – noch warmen Biskuit darauf stürzen – rollen – auskühlen – ❻ Sahnecreme – Marmelade – Schokocreme – Fruchtquark – füllen

Für die Zubereitung einer Biskuitrolle benötigt man

ÜBUNG 9 **Entscheide, ob ein Komma zwischen die Aufzählungen der Adjektive (rot) gesetzt werden muss.**

Kleine quirlige Kinder laufen meist zu schnell über die Straße. So geschah letzte Woche ein Unfall in Heustadt, wo zwei unvorsichtige Vierjährige die unübersichtliche alte Hauptstraße überqueren wollten. Ohne auf den Verkehr zu achten, rannten sie los, weil sie auf der anderen Straßenseite ein weißes süßes und kleines Kaninchen sahen. Der gerade vorbeifahrende Autofahrer konnte nicht mehr rechtzeitig bremsen, sodass die Kinder mit schweren schmerzenden und langwierigen Verletzungen ins Krankenhaus gebracht werden mussten.

4.3 Zeichensetzung bei wörtlicher Rede

Anführungszeichen, häufig auch „Gänsefüßchen" genannt, stehen vor und hinter ▪ Aussagen, Gedanken und Textstellen, die wörtlich wiedergegeben werden, ▪ Überschriften, Titeln, Sprichwörtern und Äußerungen, die nachfolgend aufgenommen werden, ▪ Wörtern, die ironisch gemeint sind.	Er sagte: „Morgen schreiben wir eine Deutscharbeit." Sie liest gerade „Harry Potter". Sein ewiges „Das klappt doch nie!" nervte alle gewaltig. Na, das hast du ja „prima" hingekriegt.
Die **wörtliche Rede** wird in **Anführungszeichen** gesetzt.	„Hallo, wie gehts?"
Weitere Satzzeichen (Komma oder Doppelpunkt) müssen hinzugefügt werden, wenn ein sogenannter Redebegleitsatz zur wörtlichen Rede hinzutritt.	
Der **Doppelpunkt** steht zwischen einem **vorangestellten Redebegleitsatz** und der wörtlichen Rede.	Er sprach**:** „Nein, meine Suppe esse ich nicht!"
Das **Komma** steht zwischen der wörtlichen Rede und einem **nachgestellten Redebegleitsatz.** Auch bei einem Ausrufezeichen oder Fragezeichen am Ende der wörtlichen Rede steht ein Komma vor dem Redebegleitsatz. *Achtung:* Der Schlusspunkt entfällt in der wörtlichen Rede, wenn ein Redebegleitsatz nachgestellt ist.	„Morgen werde ich dich besuchen", versprach er mir. „Ich will das nicht!", schimpfte er. „Kann Marie morgen bei uns essen?", fragte sie.
Ein **eingeschobener Redebegleitsatz** wird in **Kommas** eingeschlossen.	„Morgen früh", versprach er, „werde ich dir dein Buch zurückgeben."

ÜBUNG 10 **Unterstreiche die Redebegleitsätze.**

Seltsamer Spazierritt (nach Johann Peter Hebel)

Ein Mann reitet auf seinem Esel und lässt seinen Jungen nebenherlaufen. Da kommt ein Wanderer und schaut das Paar verwundert an. „Das ist nicht recht, Vater“, schimpft er, „dass Ihr reitet und den Jungen laufen lasst. Ihr habt stärkere Glieder.“ Da steigt der Vater ab und lässt den Sohn reiten. Wieder kommt ein Wandersmann. Er spricht: „Das ist nicht recht, Junge! Steig ab und lass deinen alten Vater auf den Esel! Du hast jüngere Beine.“ Da saßen beide auf und ritten eine Strecke. Abermals begegnet ihnen ein Wandersmann. „Was für eine Tierquälerei, zwei Kerle und ein so schwaches Tier! Steigt sofort ab!“, ruft er. Da steigen beide wieder ab und gehen neben dem Tier her, der eine links, der andere rechts und in der Mitte der Esel. Schließlich kommt ein vierter Wanderer. „Ihr seid drei kuriose Gesellen“, wundert er sich. „Reicht es denn nicht, wenn zwei zu Fuß gehen?“ Da bindet der Vater dem Esel die vorderen Beine zusammen und der Sohn die hinteren. Sie ziehen einen starken Baumstamm hindurch und tragen den Esel auf den Schultern nach Hause.

ÜBUNG 11 **Füge alle fehlenden Satzzeichen ein.**

Aus einem Unterrichtsgespräch über die Geschichte „Seltsamer Spazierritt“:

1. Mir gefällt die Geschichte überhaupt nicht! schimpft Peter.
2. Warum? fragt Katrin nach. Ist doch wirklich lustig, dass die beiden sich so durch andere verunsichern lassen.
3. Und außerdem fügt Maria hinzu ist die Vorstellung, dass ein Esel getragen wird, echt komisch.
4. Aber die ganze Zeit passiert immer dasselbe: Ein Wanderer kommt, ein Wanderer kommt und so weiter meckert nun auch Tom.
5. Ach, ihr Jungs habt doch keine Ahnung! ereifert sich Verena. Ihr wisst doch gar nicht, was eine gute Geschichte …
6. Die Lehrerin fällt Verena ins Wort: Nun mal langsam. Jeder darf hier sagen, wie ihm die Geschichte gefällt.

ÜBEN

ÜBUNG 12 **Lisa, Christopher, Paul und Laura treffen sich am ersten Tag nach den Ferien auf dem Schulhof und berichten über ihre Urlaubserlebnisse. Schreibe dazu ein Gespräch als wörtliche Rede mit Begleitsätzen in dein Übungsheft. Benutze dabei auch die folgenden Informationen zu den vier Freunden:**

Lisa
- lag vier Wochen mit Beinbruch im Krankenhaus
- hatte wenig Besuch
- hat viel gelesen

Christopher
- hat einen Bruder bekommen
- war jeden Tag im Schwimmbad
- hatte einen starken Sonnenbrand

Paul
- ist in den USA gewesen
- schreibt jede Woche seinem neuen Freund aus Amerika

Laura
- war bei ihrer Oma in Kleinniederheuersfeld
- ihr war langweilig
- hofft auf die nächsten Ferien

WISSEN +

Wenn du in wörtlicher Rede den Redebeitrag eines anderen wiedergeben möchtest, setzt du sogenannte **halbe Anführungszeichen.**

Achtung: Der wiedergegebene Redebeitrag muss wortwörtlich mit den ursprünglichen Worten übereinstimmen!

Julia erzählt ihrer Freundin Anne: „Stell dir vor! Gestern habe ich Jakob getroffen und er hat mich angequatscht: **‚Hallo, Julia! Du siehst aber klasse aus!‘** Und ich bin vielleicht rot geworden!“

ÜBUNG 13 **Verbinde und ergänze die Sätze sinnvoll zu Redebegleitsatz und wörtlicher Rede. Achte genau auf die Zeichensetzung.**

1. Frieda: Meine Mutter schimpft immer mit mir. – Putz dir die Schuhe ab!

2. Zeitung: Die Polizei ließ gestern die frohe Botschaft verkünden und hat dies heute noch einmal bestätigt. – Das verschwundene Mädchen ist wieder aufgetaucht.

3. Kalle: Der Zugführer rief und der Zug setzte sich in Bewegung. – Einsteigen bitte!

Klassenarbeit 1

45 Minuten

AUFGABE 1 **Setze die fehlenden Satzschlusszeichen und die Zeichen der wörtlichen Rede ein.**

1. Wenn ich das geahnt hätte, hätte ich dich sicher nicht gehen lassen schimpfte mein Vater
2. Nein betonte der Mann das Geschäft bleibt geschlossen
3. Was willst du fragte ich sie
4. Gib mir mal dein Heft bat mich Klaus
5. Ist es wirklich wahr fragte sie entgeistert dass ihr heiratet
6. Die Köchin rief Das Essen ist fertig
7. Der Lehrer erklärte Der Dativ ist der Wem-Fall
8. Der Akkusativ fuhr der Lehrer fort ist der Wen-Fall
9. Zweifellos werden wir uns morgen sehen versprach Lisa ihrem Freund
10. Kannst du mir mal helfen bat Helena

AUFGABE 2 **Unterstreiche im folgenden Text die Hauptsätze blau und die Nebensätze grün. Setze, wo nötig, die fehlenden Kommas.**

In der Postkutsche nach Weimar (nach Bettina von Arnim)

Als ich im November per Kutsche von Frankfurt nach Weimar reisen wollte nahm ich eine Kammerfrau mit. Es war ein langer beschwerlicher Weg weil die Straßen schlecht waren und überall Räuberbanden lauerten. Bis Hanau kamen wir recht gut voran obgleich unser Pferd gefallen war. Gleich dahinter fing das Unglück aber an.

Obwohl die Nacht schon hereingebrochen war waren wir an zahlreichen Gasthöfen vorbeigefahren da wir die Ausplünderung in diesen Spelunken fürchteten. Da aber blieben wir in einem Loch stecken und mussten uns nun doch ein Quartier suchen wenn wir die Nacht nicht unter freiem Himmel verbringen wollten.

TESTEN

AUFGABE 3 **Ergänze alle fehlenden Satzzeichen.**

Der Wirt eines nahe gelegenen Gasthofes bot uns sofort ein Zimmer an Der Wagen ist hin Ihr müsst morgen einen Schmied holen lassen Doch ich traute dem Wirt nicht So begab ich mich in der Nacht zu unserem Wagen und sah mit Entsetzen wie der Wirt mein Gepäck untersuchte Kaum eine Viertelstunde später saßen wir wieder in unserem Wagen und kämpften uns durch die Nacht
Doch plötzlich stand der Wagen still Was ist denn los fragte meine Kammerfrau den Kutscher Das Pferd ist gestürzt und kann nimmermehr aufstehen antwortete dieser und ging los um Hilfe zu holen So saßen wir zwei Frauen zwei Stunden nach Mitternacht mutterseelenallein mitten in einem großen unheimlichen Wald in unserer Kutsche und warteten auf Hilfe Erst als der Morgen dämmerte kam unser Kutscher mit einem Pferd zurück und wir konnten die beschwerliche Fahrt fortsetzen

AUFGABE 4 **Schreibe das folgende Diktat (z. B. als Schleichdiktat oder Partnerdiktat) und setze selbstständig die richtigen Satzzeichen. Die farblich gekennzeichneten Sinnabschnitte dienen der Orientierung.**

Die beiden Ziegen (nach Albert Ludwig Grimm)
Zwei Ziegen begegneten einander auf einem schmalen Stege, der über einen reißenden, tiefen Waldstrom führte. Die eine wollte hinüber, die andere herüber.
„Geh mir aus dem Wege!“, sagte die eine. „Das wär mir schön!“, rief die andere.
„Geh du zurück und lass mich hinüber. Ich war zuerst auf der Brücke!“
„Was fällt dir ein?“, versetzte die erste. „Ich bin so viel älter als du und sollte dir weichen? Nimmermehr!“
Keine wollte nachgeben. Jede wollte zuerst hinüber, und so kam es vom Zank zum Streit und zu Tätlichkeiten. Sie hielten ihre Hörner vorwärts und rannten zornig gegeneinander. Von dem heftigen Stoßen verloren beide das Gleichgewicht und sie stürzten miteinander von dem schmalen Steg hinab in den reißenden Waldstrom, aus dem sie sich nur mit großer Anstrengung ans Land retteten.

Klassenarbeit 2

45 Minuten

AUFGABE 5 **Unterstreiche jeweils den Begleitsatz der wörtlichen Rede. Markiere in beiden Begleitsätzen die Wörter des Sagens farbig.**

Ein Mann mit einem Frosch auf dem Kopf kommt zum Arzt. Der Arzt fragt ihn verwundert: „Wie sind Sie denn daran geraten?" Da antwortet der Frosch: „Ich weiß auch nicht. Gestern bin ich reingetreten und seitdem geht es nicht mehr ab."

AUFGABE 6 **Setze in den Texten alle fehlenden Satzzeichen bei wörtlicher Rede ein.**

1. Ein Bauer karrt eine Fuhre Mist durch die Straße. Wo kommt denn dieser Mist hin fragt die kleine Anna. Auf die Erdbeeren antwortet der Bauer. Komisch meint Anna wir geben immer Sahne auf die Erdbeeren
2. Voriges Jahr haben wir eine Weltreise gemacht gibt Stefan an. Und dieses Jahr fragt Judith. Dieses Jahr? Da fahren wir woanders hin

AUFGABE 7 **Hebe in den folgenden Sätzen die aufgezählten Teile farbig hervor. Setze die fehlenden Kommas.**

Reiten Schwimmen oder Lesen sind Freizeitbeschäftigungen, die Kinder gerne in ihren Ferien ausüben, während ihre Eltern sich Burgen Schlösser und andere bedeutsame Bauwerke anschauen wollen. Wegen der unterschiedlichen Vorstellungen gibt es oft schon am ersten Morgen des Urlaubs schlechte Laune Ärger oder sogar Streit, weil man sich nicht einigen kann, ob einfach nur gefaulenzt gebadet oder aber gewandert werden soll.

AUFGABE 8 **Schreibe den Text in der korrekten Schreibweise in dein Übungsheft. Setze dabei die fehlenden Kommas.**

FAMILIEMÜLLERVERBRINGTDIEFERIENAUFEINEMFAMILIENFREUNDLICHENKLEINENUNDGÜNSTIGENBAUERNHOFDERINDERNÄHEVONBREMENLIEGT. SIEHABEN FRÜHSTÜCKMITTAGESSENUNDAUCHABENDESSENGEBUCHTWEILNIEMANDIN DENFERIENZEITUNDLUSTZUMKOCHENHAT.

Erzählen

5.1 Erzählen – Ideen sammeln und ordnen

Erzählen bedeutet, ein Erlebnis, eine Begebenheit, eine Handlung, ein Ereignis unterhaltsam – d. h. spannend, interessant oder lustig – wiederzugeben.	Der Rosenmontagszug Das große Gewitter Die Rettung eines Schiffbrüchigen Das Schulfest
Erzählende Texte können ■ Erlebniserzählungen oder	Mein Urlaub auf dem Reiterhof Mein erster Tag an der neuen Schule
■ Traum- und Fantasiegeschichten sein.	Mein Kampf mit dem Drachen Meine Reise mit der Zeitmaschine
Bei allen erzählenden Aufsätzen musst du zuerst **Ideen sammeln.**	
In **Erlebniserzählungen** erzählst du von dem, was du tatsächlich erlebt hast oder zumindest erlebt haben könntest.	
■ Wer war dabei?	mein bester Freund, seine kleine Schwester und mein Hund
■ Wo und wann spielt die Geschichte?	am späten Nachmittag auf dem Heimweg vom Freibad
■ Was genau hast du erlebt?	die ersten Regentropfen auf dem heißen Asphalt – Angst meines Freundes – Winseln des Hundes – die ersten Sonnenstrahlen nach dem Gewitter
■ Was war das ganz Besondere an diesem Erlebnis?	fantastisches Naturschauspiel – der warme Regen auf der Haut – das laute Donnergrollen – grelle Blitze
In **Traum- und Fantasiegeschichten** erzählst du von dem, was man nur im Traum oder in der Fantasie erleben kann.	
■ Wie sieht der fantastische Ort aus, an dem das Geschehen stattfindet?	grellbunte Pflanzen und Tiere – ganz schmale Hochhäuser mit runden Fenstern
■ Welche besonderen Eigenschaften haben die Menschen oder die anderen Figuren in der Fantasiegeschichte?	menschenähnliche Figuren mit dreieckigen Köpfen – rot-weiß karierte hundeähnliche Wesen
■ Was ist das ganz Besondere an diesem fantastischen Geschehen?	die „Hunde“ können sprechen und geben den Menschen Befehle

Nachdem du Ideen gesammelt hast, musst du diese sinnvoll **ordnen.**

In der **Einleitung** gibst du einen kurzen Überblick über die Ausgangssituation:
- Wer handelt?
- Wann und wo spielt die Geschichte?
- Worum geht es?

Achtung: Noch nicht zu viel verraten! Nur knappe Informationen geben, so wird die Geschichte spannender.

Im **Hauptteil** entfaltest du das besondere Erlebnis oder die fantastische Begebenheit in mehreren Erzählschritten, welche die Spannung immer weiter steigern.

Der **Schluss** bringt die Auflösung der Spannung. Wie die Einleitung sollte auch dieser gar nicht lang sein. Im Gegenteil: Bringe die Geschichte möglichst treffend zum Abschluss bzw. runde sie ab.

Einleitung:
Freibadbesuch mit Freunden und Hund Leica – strahlender Sonnenschein – beste Stimmung – langsam ziehen Wolken auf

Hauptteil:
ein leichter, angenehmer Wind kommt auf – immer mehr Wolken – es wird dunkler – Wind verstärkt sich – Leica wird unruhig, beginnt zu bellen und umherzulaufen – Blick zum Himmel: von Westen große schwarze Wolken mit Regenfront – schnell umziehen und nach Hause radeln – erste Regentropfen – gerade noch bis zum Wartehäuschen an der nächsten Bushaltestelle – alle ziemlich durchnässt – Straßen innerhalb kürzester Zeit unter Wasser – Blitze zucken über den Himmel, Donner krachen – Betrachtung des Naturschauspiels mit Angst und Begeisterung zugleich – Weltuntergangsstimmung

Schluss:
nach 5 Minuten ist der Spuk vorüber – wir gehen über regennasse Straßen und durch feuchte Luft nach Hause

Nach dieser Textvorbereitung kannst du anfangen zu schreiben. Die **Erzählzeit** ist die Vergangenheit, das **Präteritum** (1). Greifst du auf etwas zurück, das zeitlich vor dem eigentlichen Geschehen liegt, benutzt du die Vorvergangenheit, das **Plusquamperfekt** (2).

Gliedere deinen Text!
Achte auf eine **abwechslungsreiche und anschauliche Sprache** (↑ Kap. 5.2 und Kap. 5.3).
Verliere die **Aufgabenstellung** nicht aus dem Auge (z. B. keine Fantasiewesen im Erlebnisaufsatz).

(1) Wir **standen** triefnass an der Ampel, als plötzlich ein laut krachender Donner in unseren Ohren **dröhnte**.
(2) Als wir aus dem Freibad **aufgebrochen waren**, **hatte** es erst einzelne kleinere Wolken **gegeben**.

ÜBUNG 1 **Gehören die folgenden Ideen eher zu einer Erlebniserzählung oder zu einer Fantasiegeschichte? Trage die entsprechenden Nummern in die Zeilen unten ein.**

(1) Zum ersten Mal allein zu meinen Großeltern mit dem Zug fahren – (2) allein in einem dunklen, großen Wald – (3) morgens um 8:00 Uhr losfahren – (4) von Weitem ein Pferd mit gelb-blauen Punkten sehen – (5) die Gedanken des Pferdes lesen – (6) Intercity fahren – (7) ein spannendes Buch lesen – (8) blutrote Wiesen, über denen noch der Nebel hängt – (9) je weiter man sich entfernt, desto größer wird das Tier – (10) schnell noch ein Brötchen kaufen – (11) den Wald durchdringt eine sonderbare Melodie – (12) den Anschlusszug verpassen – (13) die Großeltern mit dem Handy über die Verspätung informieren – (14) Vögel mit Mäusekrallen in der Luft – (15) einen Schaffner mit feuerrotem Haar und Augenbrauenpiercing treffen – (16) mit Überschallgeschwindigkeit fliegen

Erlebniserzählung	Fantasiegeschichte

ÜBUNG 2 **Ordne die folgenden Ideen den unterschiedlichen Aufsatzthemen in den Wortwolken zu. Verbinde mit Linien.**

- Grill aus dem Keller holen
- Hefeteig für Stockbrot ansetzen
- Holzkohle kaufen
- dreißig Käselaibe pro Tag verspeisen
- Einladungskarten schreiben und verteilen
- angekohlte Bäume und Sträucher

Meine Geburtstagsparty

Begegnung mit einem Drachen

Die Supermaus

- sumpfiges Gelände
- furchterregende Geräusche
- Schwefelgeruch
- erfolgreiches Studium an der Mäuse-Akademie
- allerdings etwas eitel, bürstet sich jeden Tag zwei Stunden lang das Fell
- als Blitzkurier einsetzbar

ÜBUNG 3 **Sammle zu jedem Thema noch drei weitere Ideen.**

Meine Geburtstagsparty	Begegnung mit einem Drachen	Die Supermaus

ÜBUNG 4 **Die folgende Geschichte ist durcheinandergeraten. Bringe die Sätze in die richtige Reihenfolge.**

1. Meine Lehrerin stand wie versteinert an der Tafel und forderte Felix auf, endlich die Maske abzunehmen und seine Hausaufgaben vorzulesen.
2. In diesem Augenblick verschwand mein berühmter Tischnachbar wieder und meine Freundin weckte mich, weil ich bald aussteigen musste.
3. Als ich mit dem Schulbus nach Hause fuhr, nickte ich ein und träumte von der letzten Englischstunde.
4. Meine Lehrerin lief hochrot an und wollte gerade auf ihn zustürmen, als Harry Potter sich mit einem Zauberspruch rettete und meine Lehrerin festkleben ließ.
5. Harry Potter sprach sie höflich an und erklärte ihr, dass sie ihn wohl verwechsle.
6. Ohne zu überlegen, schlüpfte sie aus ihren Schuhen und kam auf uns zu.
7. Plötzlich saß statt meines Banknachbarn Felix Harry Potter neben mir und blickte mich durch seine Brille schelmisch an.

Die richtige Reihenfolge:

ÜBUNG 5 **Vervollständige die folgende Geschichte zum Thema „Eine Nacht im Tropenhaus". Lies dazu die Einleitung und sammle Ideen. Ordne anschließend deine Ideen. Was gehört in die Einleitung, was in den Hauptteil, was an den Schluss? Schreibe dann den Aufsatz in dein Übungsheft.**

Eine Nacht im Tropenhaus

Gestern habe ich davon geträumt, über Nacht im Zoo eingeschlossen worden zu sein. Um mich vor dem großen Gewitter zu schützen, ging ich ins Tropenhaus. Als ich kurz nach dem Gewitter das Tropenhaus verlassen wollte, ...

5.2 Anschaulich und lebendig erzählen

Dein Aufsatz wird interessanter und spannender, wenn du im Hauptteil viele **Einzelheiten** erzählst über:

- die handelnden **Personen / Figuren** (z. B. Kleidung, Gesichtsausdruck, besondere Eigenschaften),
- den **Ort des Geschehens**, d. h. die Umgebung (z. B. Menschen, Tiere, Pflanzen, Straßen / Wege, Häuser, Autos) oder die Räume (z. B. Größe, Helligkeit, Farbgestaltung, Möbel, Gegenstände),
- den genauen **Ablauf des Geschehens** (Reihenfolge, Gründe, Höhepunkt).

Seifenkistenrennen am Hülser Berg
Jan und Chris – Hin- und Herlaufen – professionelle Rennanzüge – bunt gestylte Fahrradhelme – angespannte Gesichter – siegessicher mit erhobenen Armen
Berg – steile Straße – dichte Bäume – warme Junisonne – Hunderte klatschender und laut jubelnder Zuschauer am Straßenrand

TÜV-Sicherheitscheck vor dem Start – Startschuss – steigende Geschwindigkeit (40, 45, 47 km / h) – knapper Vorsprung von Jan – bei Höchstgeschwindigkeit waghalsiges Manöver von Chris – auf zwei Rädern weiterfahren – überholen – Jan gibt sich nicht geschlagen – noch 70 Meter bis zum Ziel – 30, 20 Meter – Zieldurchfahrt – Apfelschorle zur Siegerehrung

---

Dein Aufsatz sollte **sprachlich abwechslungsreich** gestaltet sein:

- Erarbeite **Wortfelder,** um Wortwiederholungen zu vermeiden.
- Achte auch auf Abwechslung bei den **Satzanfängen.**
- Benutze treffende **Adjektive** und **Verben,** verwende auch Sprachbilder und Vergleiche, um Situationen, Stimmungen und Gefühle **anschaulich** darzustellen.
- Durch **wörtliche Rede** und die Darstellung von **Gedanken** und **Gefühlen** der handelnden Figuren wird deine Geschichte lebendiger und unterhaltsamer.

laufen – rasen – eilen – spurten – taumeln
hoffen – träumen – sich wünschen
am Anfang – plötzlich – im nächsten Augenblick – zuletzt – schließlich
überglücklich – maßlos aufgeregt – ihr schlotterten die Knie – er bekam vor Anstrengung einen feuerroten Kopf – ihm rutschte das Herz in die Hose – sie fühlte sich wie im siebten Himmel
Jan war glücklich über seinen Sieg.
Besser: „Super! Klasse! Das war bestimmt mein allerbester Wettkampf!“, jubelte Jan.

ÜBUNG 6 **Erarbeite Wortfelder zu den folgenden Begriffen. Dazu kannst du ein Wörterbuch benutzen (z. B. Duden Nr. 8, Das Synonymwörterbuch).**

sagen:

denken:

lustig:

sich freuen:

helfen:

Hindernis:

ÜBUNG 7 **Ordne den Aussagen die passenden Gedanken oder Ausrufe zu. Verbinde die zueinander gehörenden Sätze mit einer Linie.**

Da ist bestimmt 'ne tolle Stimmung im Stadion!

Mist, so 'ne Chance kommt so schnell nicht wieder!

Eigentlich hatte ich ja genug geübt, wenn ich nur nicht so aufgeregt gewesen wäre!

Hoffentlich ist ihr nichts zugestoßen! Minka, komm doch zurück!

Super, jetzt kann ich bald wieder seilspringen!

Christian ist enttäuscht, weil er einen Elfmeter verschossen hat.

Pia ist erleichtert, weil sie endlich von ihrem Gipsverband befreit worden ist.

Chiara ist traurig, weil ihre Katze weggelaufen ist.

Laura ist aufgeregt, weil sie zum ersten Mal zum Eishockeyspiel gehen darf.

Jonas ist gespannt auf die Note in seiner letzten Deutscharbeit.

ÜBUNG 8 Fülle in den folgenden Bildern die Gedankenblasen aus: Was könnte die Person denken?

ÜBUNG 9 Verbinde die Wörter zu anschaulichen und ausdrucksstarken Wendungen.

vor lauter	starkes Herzklopfen	erfrieren
mit schlotternden	Blick	ankommen
in klirrender	Lautstärke	brausen
mit rasanter	Enttäuschung	zuwerfen
vor Aufregung	Geschwindigkeit	krumm machen
keinen	Knien	kreischen
mit ohrenbetäubender	Kälte	heulen
einen bitterbösen	Finger	haben

ÜBEN

ÜBUNG 10 **Kreuze an: Was bedeutet eigentlich ... ?**

1. jemandem auf den Leim gehen:
   - ☐ sich täuschen lassen, auf jemanden hereinfallen
   - ☐ andere durch besondere Tölpelhaftigkeit stören
   - ☐ lange bei jemandem stehen bleiben und sich unterhalten
2. lange Ohren machen:
   - ☐ andere wegen ihres Fehlverhaltens rügen bzw. tadeln
   - ☐ hüpfen wie ein Hase
   - ☐ genau hinhören, neugierig lauschen
3. nicht auf den Mund gefallen sein:
   - ☐ ständig reden, auch wenn man nicht gefragt wird
   - ☐ alles besser wissen, andere ständig korrigieren
   - ☐ schlagfertig sein, gut reden können
4. bei Nacht und Nebel:
   - ☐ etwas plötzlich, unerwartet und heimlich tun
   - ☐ etwas besonders Gefährliches tun
   - ☐ lange feiern, erst spät nach Hause kommen
5. mit jemandem Pferde stehlen können:
   - ☐ auf der Pferderennbahn betrügen
   - ☐ jemanden haben, dem man vertrauen kann
   - ☐ sich reitend aus einer brenzligen Situation befreien

ÜBUNG 11 **Ordne die Adjektive aus dem Wortspeicher den einzelnen Begriffen zu; manche Adjektive kannst du mehrfach verwenden.**

lecker – diesig – neblig – prachtvoll – frostig – würzig – fröhlich – heiter – munter – spindeldürr – schön – teuer – reichhaltig – gläsern – spannend – umkämpft – heiß – anstrengend – versalzen – blond

Wetter

Mittagessen

Briefträger

Traumschloss

Radrennen

ÜBEN

ÜBUNG 12 **Schreibe eine kurze Geschichte, in der du möglichst alle vorgegebenen Adjektive und Nomen verwendest (sie sind aus Übung 11). Vielleicht kannst du auch einzelne Wendungen aus den Übungen 9 und 10 einsetzen.**

Wetter	neblig	spindeldürr	heiß ✓
Mittagessen ✓	prachtvoll	schön	anstrengend ✓
Traumschloss ✓	frostig	teuer	versalzen ✓
Briefträger ✓	würzig	reichhaltig	blond
Radrennen	fröhlich	gläsern ✓	
lecker	heiter	spannend ✓	
diesig	munter ✓	umkämpft	

Gestern ist mir etwas ganz Seltsames passiert. Als ich kurz vor dem Mittagessen zu unserem Briefkasten ging, traf ich unseren Briefträger. Er, der sonst immer so

Bis dahin schien mir alles noch ganz normal, aber als wir dann an einem gläsernen Traumschloss vorbeikamen, war ich schon nicht mehr ganz so munter.

Das war sicher eines meiner spannendsten Abenteuer! Nach diesem anstrengenden Wettkampf hatte ich so einen Hunger, dass mir sogar der Erbseneintopf meiner Mutter schmeckte, obwohl er – wie immer – mörderisch heiß und dazu noch versalzen war.

5.3 Erzählen nach Vorlagen

Neben dem freien Erzählen, bei dem nur ein Thema vorgegeben ist, gibt es auch Aufsätze mit genaueren **Vorgaben.** Bei diesen Aufgaben ist es besonders wichtig, dass du dir die Vorgaben sowie die Aufgabenstellung genau ansiehst.

Bildergeschichte
Fortsetzungsgeschichte
Ausgestaltung eines Erzählkerns

Bei der **Bildergeschichte** ist die Vorgabe ein Bild oder eine Bilderfolge:

- Was ist auf dem Bild / den Bildern dargestellt?
- Gibt es auffällige Personen, Figuren oder Gegenstände?
- Wie ist der Ort oder Raum dargestellt?
- Ist eine Entwicklung zwischen den einzelnen Bildern zu erkennen?

links:
– Vater trägt Koffer in ein (Hotel-)Zimmer
– Tochter freut sich
rechts:
– Familie (Mutter, Vater, Tochter)
– Koffer werden ausgepackt
– die Tochter denkt an (ihren) Hund
– sie ist erschrocken

Bei der **Fortsetzungsgeschichte** ist ein Textanfang oder eine Einleitung vorgegeben:

- Was ist dem Textanfang zu entnehmen über die handelnden Personen oder Figuren, den Ort und den vermutlichen Verlauf des Geschehens?
- Ist es eine Erlebniserzählung oder eine Fantasiegeschichte?

Unser Bello, das ist wirklich ein ganz Schlauer, der weiß immer, wo er etwas Leckeres bekommt. Das hat er erst gestern wieder bewiesen, als wir …
– Hund heißt Bello
– Geschichte geht gut aus
– Bello muss etwas ganz Besonderes / Außergewöhnliches getan haben
– Geschichte dreht sich um die Nahrung des Hundes

Die Aufgabe kann auch die **Ausgestaltung eines vorgegebenen Erzählkerns** sein:

- Finden sich im Erzählkern Antworten auf die Fragen, wie und warum es zu dieser Situation gekommen ist?
- Gibt es Hinweise, wie die Situation / das Problem aufgelöst werden könnte?

Eine Familie fährt in den Urlaub. Nachdem sie nach sieben Stunden Fahrt endlich angekommen ist, fällt der kleinen Tochter auf, dass ihr Hund nicht da ist. Sie läuft mit ihren Eltern durch den ganzen Ort und findet ihn schließlich nach langer Suche.
– sehr lange Autofahrt
– Familie sucht gemeinsam
– Suche dauert lange, ist aber erfolgreich

ÜBUNG 13 **Betrachte die Bilder genau und kreuze die richtigen Antworten an.**

a

b

c

d

e

f

1. In welcher Jahreszeit fährt die Familie in den Urlaub?

☐ Winter ☐ Sommer ☐ Herbst

2. Wie heißt der Besitzer der Würstchenbude?

☐ Willi ☐ Heinz ☐ Ernst

3. Was ist auf Bild f außer der Familie zu sehen?

☐ Hirsch ☐ Mann ☐ Fahrrad

ÜBUNG 14 **Schreibe deine Beobachtungen zu den einzelnen Bildern aus Übung 13 in dein Übungsheft.**

Bild a: Was fällt beim Auspacken der Koffer auf?
Bild b: Was bekommt der Hund?
Bilder c und d: Wo ist die Familie angekommen? Was tut der Vater? Wo ist der Hund?
Bild e: Wo findet die Familie den Hund? Warum ist der Hund dorthin gelaufen?
Bild f: Wo sucht die Familie den Hund? Wen könnte sie nach ihm fragen?

ÜBUNG 15 **Bringe die Bilder jetzt in die richtige Reihenfolge.**

d → ___ → ___ → ___ → ___ → ___

ÜBUNG 16 Erarbeite Wortfelder zu folgenden Begriffen.

Sorge	Freude	Hunger

ÜBUNG 17 Ordne folgende Gedanken und Ausrufe des Mädchens den Bildern c, a und f aus Übung 13 zu.

„Wo ist Bello?" – „Super, endlich angekommen!" – „Jetzt sind wir schon durch den ganzen Ort gelaufen, wo ist er nur?" – „Ist er nach der letzten Rast wieder eingestiegen?" – „Und wo ist mein Bett?" – „Sollen wir nicht mal bei der Polizei nachfragen?" – „Wir müssen ihn unbedingt suchen!" – „Das wird bestimmt ein toller Urlaub!" – „Hoffentlich finden wir ihn wieder!"

Bild c

Bild a

Bild f

ÜBUNG 18 Erzähle nun die Bildergeschichte „Wo ist Bello?". Benutze dazu dein Übungsheft.

Klassenarbeit 1

45 Minuten

AUFGABE 1 **Bringe mit den Zahlen 1 – 8 die Ideen zum Thema „Mein Urlaub in den Bergen" in die richtige Reihenfolge. Ordne sie dann der Einleitung, dem Hauptteil und dem Schluss zu.**

a) deftige Brotzeit, selbst gemachter Ziegenkäse, frische Kuhmilch

b) noch acht Kilometer, schmerzende Füße, „Das schaffe ich nie!"

c) letztes Jahr Familienurlaub in der Schweiz

d) steile Anstiege, knöcheltiefe Bachläufe, schmale Pfade

e) zu Hause noch oft davon erzählt

f) das Beste: Tour mit einer Übernachtung auf einer Hütte

g) Ankunft auf der Hütte; sehr erschöpft

h) insgesamt tolles Erlebnis – nächstes Jahr größere Tour

Einleitung: , **Hauptteil:** , , , **Schluss:** ,

AUFGABE 2 **Gestalte den folgenden Text anschaulicher, indem du die Wörter aus dem Wortspeicher in die passenden Lücken einsetzt.**

durchdringende – orangefarbenen – gelb gestrichenen –
neu verputzte – besorgt blickende – wunderschön blühenden –
freudig – großer – zügig

Verena fuhr mit ihrem Fahrrad zur Schule. Dort traf sie Lena, die sie begrüßte. Gemeinsam gingen sie an dem Blumenbeet vor dem Eingang vorbei und hinein in das Schulgebäude. In ihrem Klassenraum waren schon viele andere Kinder. Gerade als sie sich an ihren Platz setzen wollten, ertönte der Feueralarm. Alle Kinder waren in Aufregung. Sie warteten auf die Frau Meyer und gingen anschließend auf den Schulhof. Zum Glück war es nur ein Probealarm.

AUFGABE 3 **Ordne die folgenden Sätze: Welche gehören in die Einleitung, welche in den Hauptteil, welche in den Schluss deines Aufsatzes? Schreibe die richtige Reihenfolge von 1 bis 15 in die Felder rechts.**

1. Sofort ging ich zu meinen Eltern und berichtete davon.
2. Als ich letzten Sommer mit meinen Eltern an der See war, sah ich jemanden, der acht hintereinandergespannte Drachen steigen ließ.
3. Meine Eltern hörten mir interessiert zu.
4. Ich sollte mich am Ende der Drachen aufstellen und sie auf sein Zeichen hin loslassen, damit er die Drachen in die Luft ziehen konnte.
5. Meine Begeisterung war immer noch spürbar.
6. Es gelang mir sogar, ein paar Kurven zu lenken.
7. Ich hatte noch nie so viele hintereinander gesehen.
8. Danach schrieb ich meiner Freundin, dass ich „acht auf einen Streich" in Schach gehalten habe.
9. Aus der Entfernung fragte ich, ob ich ihm helfen könne.
10. Die Sätze sprudelten aus mir heraus.
11. Dann rief er mich zu sich und fragte, ob ich die Drachen einmal lenken wollte.
12. Ich ließ mich sanft von der Kraft der Drachen ziehen und fühlte mich, als ob ich im nächsten Augenblick abheben würde.
13. Nachdem ich ihm eine Weile zugeschaut hatte, ließ er die Drachen wieder zu Boden kommen und wechselte einige Drachen aus.
14. Er erklärte mir, wie ich die Drachen halten müsste, und übergab sie mir.
15. So etwas hatte ich noch nie gemacht.

AUFGABE 4 **Verbessere den folgenden Text und schreibe deine Fassung in dein Übungsheft. Achte dabei auf die Erzählzeit und vermeide Wortwiederholungen.**

Gestern Abend haben wir „Das Nilpferd auf der Achterbahn" gespielt. Meine Schwester bekam die Aufgabe, rückwärts auf einem Bein um den Tisch zu hüpfen. Dann bekam mein Vater die Aufgabe, gurgelnd ein Lied zu singen, das wir erraten mussten. Mein Vater hat das Lied „Hänschen klein" gesungen. Wir haben aus vollem Halse gelacht. Dann bekam ich die Aufgabe, fünf Begriffe, die mit C anfangen, zu nennen. Wir haben alle zusammen geraten. Wir haben gegen 22 Uhr aufgehört zu spielen. Wir sind todmüde in unsere Betten gefallen.

AUFGABE 5 **Schreibe Wendungen auf, mit denen du die Handlung bis zum Höhepunkt steigern kannst.**

1. **Komische oder merkwürdige Situationen**
   ein wenig: Das kam mir irgendwie merkwürdig vor.

   ziemlich: So etwas hatte ich noch nie erlebt.

   sehr: Ich konnte echt nicht glauben, was ich da sah!

2. **Gefährliche Situationen**
   ein wenig: Es sah etwas gefährlich aus.

   ziemlich:

   sehr:

3. **Eine Person / eine Figur, die einem auf die Nerven geht**
   ein wenig: Ich fand sein Gequatsche nicht besonders lustig.

   ziemlich:

   sehr:

4. **Eine Situation, in der jemand Angst hat**
   ein wenig: Mir wurde ein bisschen mulmig!

   ziemlich:

   sehr:

AUFGABE 6 **Schreibe aus den vorgegebenen Ideen eine unterhaltsame Geschichte in dein Übungsheft.**

Einleitung:
gestern Morgen – Mathearbeit – Heft vergessen – noch einmal zurück ins Zimmer – Meerschweinchen ausgebrochen
Hauptteil:
Versuch, Meerschweinchen einzufangen – zunächst kein Erfolg – nachdenken darüber, wie ich es überlisten könnte – viele verschiedene Versuche – Gurkenscheiben mit Nussmus hervorgeholt, da Lieblingsfutter – erfolgreiche Taktik – Einfangen des Meerschweinchens
Schluss:
Verspätung bei der Mathearbeit – Lehrerin hält Story für eine Ausrede

Klassenarbeit 2

60 Minuten

AUFGABE 7 **Entwickle eine Traumgeschichte: Wähle aus jedem Kasten eine Idee aus.**

1. Ich war ...
in einer Backstube.
auf einer Frühlingswiese.
in einem Parfümgeschäft.
in meinem Lieblingsrestaurant.

3. Dieser / Dieses begann zu sprechen ...
denn er / es wollte mit mir spielen.
und bedrohte mich.
aber ich verstand die Sprache nicht.
und erzählte mir eine traurige Geschichte.

2. Plötzlich sah ich ...
einen Wunderbaum.
ein ganz seltsames Fahrzeug.
ein ziemlich komisch aussehendes Tier.
ein menschliches Wesen, das sich auf ganz seltsame Art bewegte.

AUFGABE 8 **Finde nun zu dem in Aufgabe 7 gewählten Rahmen je zwei Ideen zu folgenden Fragen. Schreibe in dein Übungsheft.**

1. Was kann ich riechen?
2. Was kann ich hören?
3. Was kann ich sehen?

AUFGABE 9 **Wähle für dein Fantasiewesen drei bemerkenswerte Einzelheiten aus.**

Wunderbaum	**Fahrzeug**	**Tier**	**Mensch**
lustiges Kindergesicht	Schild: „nur Erdbeersoße tanken“	Schürze mit Aufschrift „Hier Traum-Soft-Eis“	grün lackierte Fingernägel
sternförmige blaue Früchte	Blumenwiese auf dem Dach	Krokodilschwanz mit Federn	pinkfarbene Augen
rot-weiß karierte Blätter	achteckige Käseräder	auf Rollschuhen fahrend	drei Hosenbeine rot – weiß – gelb
Hände an den Astspitzen	grün-weiß gestreifte Scheiben	Trompete spielend	herzförmiger Kopf
gespaltener Stamm mit Jeans	Scheinwerfer mit Lidern und Wimpern	sechseckige Sonnenbrille tragend	silberglänzende Elefantenohren
blonde Locken	Schaukelstühle als Sitze	Blinklichter als Augen	bis zur Erde reichende Arme

TESTEN

AUFGABE 10 Im Mittelpunkt deiner Geschichte steht das Gespräch mit dem Fantasiewesen. Überlege dir den ersten Satz, den es zu dir sagt.

AUFGABE 11 Das Gespräch wird immer lebhafter, bedrohlicher, seltsamer oder trauriger. Suche dir aus dem Wortfeld *sagen* passende Begriffe aus und erweitere es.

rufen – quäken – anherrschen – feixen – anblaffen – stammeln – krächzen – wispern – schreien – meckern – stottern – brüllen – drohen – winseln – nuscheln – jaulen – heulen – lallen – klagen – – –

AUFGABE 12 Auf welchen Höhepunkt könnte deine Traumgeschichte zusteuern? Schreibe dazu zwei besonders witzige, bedrohliche, traurige oder seltsame Ideen auf.

AUFGABE 13 An der spannendsten Stelle bricht dein Traum plötzlich ab. Ergänze den folgenden Schlusssatz deiner Geschichte.

, klingelte der Wecker und ich musste schleunigst aufstehen, damit ich nicht zu spät zur Schule kam.

AUFGABE 14 Ordne deine Ideen, welche du in den Aufgaben 7 bis 13 gesammelt hast, und formuliere sie zu einer unterhaltsamen Erzählung aus.

6 Beschreiben

6.1 Gegenstandsbeschreibung

Eine **Beschreibung** informiert in sachlicher Weise über die besonderen Merkmale und Eigenschaften eines Gegenstands, einer Person oder eines Vorgangs.

Schmuckstück – Fahrrad – Cowboystiefel – Mathematiklehrerin – Zirkusclown – Zubereitung einer Käse-Sahne-Torte – Basteln eines Windrades – Spielablauf bei „Mensch-ärgere-dich-nicht“

Bei der **Gegenstandsbeschreibung** gibst du genaue Informationen zu

- Größe,
- Farbgestaltung,
- Material und
- Funktion

eines Gegenstands.

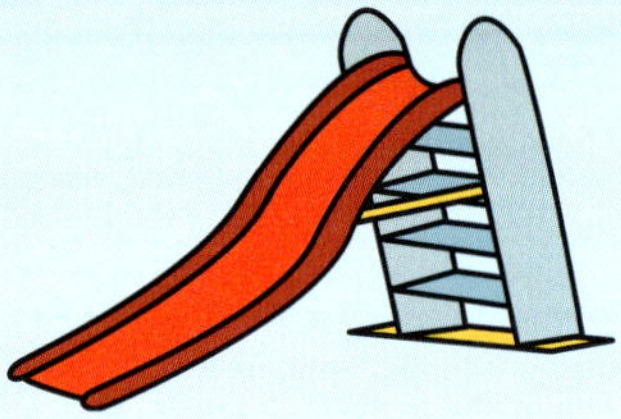

Sammle zuerst **Stichpunkte** und ordne sie.

Rutsche aus Kunststoff,
Höhe 1,20 m, Länge 1,60 m,
Rutschbahn Länge 1,40 m,
gelbe Querstrebe auf der Höhe von 70 cm,
Querlatte am Boden 1 m Länge,
rote Rutschbahn,
blaue Leiter mit vier 10 cm tiefen Stufen,
Spielgerät für Kleinkinder

Nun kannst du beginnen zu schreiben:

- Im **Einleitungssatz** benennst du den Gegenstand genau.
- Anschließend beschreibst du zunächst die **auffälligsten Merkmale,** dann die weiteren **wichtigen Eigenschaften.**
- Runde deine Beschreibung mit einem kurzen **Schlusssatz** ab, z. B. zur Funktion des Gegenstands.

Die Gegenstandsbeschreibung steht immer im **Präsens.** Schreibe in einer klaren und **sachlichen Sprache** mit einfachem Satzbau.

Achtung: Sachlich schreiben heißt: keine persönlichen Meinungen, Wertungen oder Deutungen!

Im Folgenden beschreibe ich eine Kleinkinderrutsche.
Die bunte Plastikrutsche ist aus hartem Kunststoff. Sie ist 1,20 m hoch und 1,60 m lang. Die blaue Leiter hat im Abstand von 25 cm vier Stufen. Die rote, 1,40 m lange Rutschbahn ist an beiden Seiten ein wenig erhöht. Eine gelbe Querstrebe verbindet die Rutschbahn auf der Höhe von 70 cm mit der Leiter. Am Fuß der Leiter ist eine Querlatte von 1 m Länge angebracht.
Diese Rutsche ist besonders für Kleinkinder geeignet, weil sie niedrig und standfest ist.

ÜBUNG 1 **Hier siehst du drei Gegenstände und jeweils drei Einleitungssätze einer Gegenstandsbeschreibung. Welcher ist der beste Einleitungssatz und warum?**

1. a) Also da ist so 'n Ding mit 'ner Kerze drinne.
   b) Der Gegenstand, den ich beschreibe, ist ein schwarzer Kerzenhalter.
   c) Der Gegenstand ist schwarz und obendrauf steht eine Kerze.

Satz ____ ist der beste,

weil ____________________

____

____________________.

2. a) Was ich beschreibe, das ist ein Topf mit einem Stiel.
   b) Vor mir steht eine schwarze Bratpfanne, die ich jetzt genauer beschreiben möchte.
   c) Mit diesem Gegenstand kann man gut Bratkartoffeln machen.

Satz ____ ist der beste,

weil ____________________

____

____________________.

3. a) Ich beschreibe jetzt meine Inlineskates, die fast genauso aussehen wie die von meinem Freund Tom.
   b) Die Inlineskates auf dem Bild sind bunt.
   c) Auf dem Bild sind ein Paar Inlineskates zu sehen, welche die Farben Rot, Orange und Blau haben.

Satz ____ ist der beste,

weil ____________________

____

____________________.

ÜBEN

ÜBUNG 2 **Bringe die Informationen in eine sinnvolle Reihenfolge. Nummeriere.**

a) Unter der Schreibfläche befinden sich zwei gleich große, rechteckige Regalfächer.

b) Über den Fächern befindet sich eine Ablagefläche.

c) Die Regalfächer sind 10 cm tief.

d) Die 41 cm breite und 51 cm hohe Schreibfläche besteht aus schwarzem Schiefer.

e) Die Tafel kann zum Schreiben kurzer Informationen und zum Ablegen kleiner Gegenstände genutzt werden.

f) Im Folgenden beschreibe ich eine Schreibtafel mit Regalfächern.

g) Sie sind aus dem gleichen dunklen Holz wie der Rahmen.

h) Sie ist von einem 2 cm breiten Rahmen aus dunklem Holz umgeben.

i) Die Tafel ist 45 cm breit und 63 cm hoch.

ÜBUNG 3 **Beschrieben werden nun die Inlineskates aus Übung 1. Verbessere die Sätze, indem du die rot hervorgehobenen Satzteile genauer formulierst.**

Im Folgenden beschreibe ich Inlineskates.

Die Inlineskates sind bunt.

Jeder Inlineskate hat mehrere Rollen.

Man kann damit bremsen.

Mit der weißen Schnalle macht man den Schuh enger oder weiter.

ÜBEN

ÜBUNG 4 **Kreuze jeweils die bessere der beiden Aussagen an und setze so eine gute Gegenstandsbeschreibung zusammen.**

Ich beschreibe

☐ eine Schreib- und Maltafel für Kinder.	☐ eine sehr schöne Kindertafel, auf der man toll malen kann.
☐ Die Tafel ist nicht besonders groß, damit kleine Kinder gut auf ihr malen können.	☐ Die Tafel ist insgesamt 1,19 Meter hoch. Die eigentliche Mal- oder Schreibfläche ist 43 Zentimeter breit und 55 Zentimeter hoch.
☐ Sie ist am besten für weiße Kreide, aber auch mit Gelb oder Hellgrün kann man auf ihr schreiben.	☐ Sie ist aus schwarzem Material hergestellt und kann sehr gut mit Kreide beschrieben werden.
☐ Um die Schreibfläche herum ist ein Rahmen aus hellem Holz. Die Tafel ist an einem Gestell mit vier Füßen befestigt. Dieses kann man zusammenklappen.	☐ Außerdem hat sie einen Rand und vier Füße aus hellem Holz, die man zusammenklappen und deshalb gut wegstellen kann.
☐ Ach ja, und dann ist da noch so eine Ablage, die ist rot und ist für Stifte und so.	☐ Auf der Höhe von etwa 45 Zentimetern befindet sich eine rote Ablagefläche für die Kreide oder einen Schwamm, sie ist 43 Zentimeter breit und 25 Zentimeter tief.
☐ Die Tafel ist ziemlich gut für kleine Kinder, für mich aber nicht.	☐ Diese Schreib- und Maltafel scheint besonders für Kinder im Vor- und Grundschulalter geeignet zu sein.

WISSEN +

Zahlen, Maße und Gewichte

Zahlen bis zwölf werden im laufenden Text in der Regel ausgeschrieben. Das gilt auch für Maßeinheiten.	Er hat sieben Geschwister und 13 Nichten und Neffen. – Der Garten ist sieben Meter lang und 13 Meter breit.
Tauchen – etwa in einer Beschreibung – eine Fülle von Maß- und Gewichtsangaben auf, können die Maßzahlen als Ziffern und die Maßeinheiten als Abkürzung geschrieben werden. (Falsch ist nur die Kombination von ausgeschriebener Maßzahl und abgekürzter Maßeinheit.)	Die neue Garage ist 7 m lang, 2,5 m hoch und 3 m breit. *Oder:* Die neue Garage ist 7 Meter lang, 2,5 Meter hoch und 3 Meter breit.

ÜBUNG 5 **Formuliere aus den folgenden Stichworten jeweils einen Satz. Benutze dein Übungsheft.**

1. reguläres Fußballfeld, 105 m lang, 75 m breit
2. Opa Hermann, 2 Söhne, 3 Töchter, 14 Enkelkinder
3. mein Geburtstag, 4 Torten, 7 Gäste

ÜBUNG 6 **Beschreibe den abgebildeten Gegenstand. Halte die vorgegebenen Arbeitsschritte genau ein.**

a) Beantworte folgende Fragen:

1. Wie heißt der Gegenstand?
2. Aus welchem Material ist er?
3. Welche Farbe hat er?
4. Welche besonderen Eigenschaften hat er?
5. Wozu wird der Gegenstand gebraucht?

verstellbarer Leuchtenkopf, lackiertes Metall;
Durchmesser Fuß: ca. 20 cm,
Höhe Fuß: ca. 3 cm;
Arm: ca. 40 cm;
Leuchtenkopf: ca. 15 cm

b) Beschreibe jetzt genauer:

1. den Fuß der Lampe

   Form: Größe:

2. den Arm, der den Leuchtenkopf trägt, sowie Länge und Besonderheit der einzelnen Teile

3. den Leuchtenkopf

   Form:

   Größe:

c) Schreibe jetzt die Gegenstandsbeschreibung in ganzen Sätzen in dein Übungsheft.

ÜBEN

6.2 Personenbeschreibung

Bei der **Personenbeschreibung** gibst du die sichtbaren Merkmale eines Menschen sachlich und anschaulich wieder.

fröhlicher Gesichtsausdruck; Jeans und Shirt; das Mädchen macht einen ausgelassenen Eindruck

---

Fasse zunächst folgende Angaben zu der Person, die du beschreiben willst, zusammen:

- Geschlecht,
- Alter und
- Größe.

Mädchen
etwa 9 Jahre alt
etwa 1,30 Meter

Danach benennst du besonders **auffällige Merkmale** der Person:

- Kopfform, Gesicht, Frisur (1)
- Körperbau *(schlank, kräftig, dick)* und Haltung (2): Ist ein Körperteil besonders auffällig? Wie ist die Haltung?
- Kleidung (3) *(sportlich, elegant; Arbeitskleidung, Uniform)*: Wie ist die Farbgestaltung der Kleidungsstücke? Ist die Kleidung aus einem außergewöhnlichen Material hergestellt?

(1) leicht gebräuntes Gesicht – braune Augen – dunkelblondes, schulterlanges, in der Mitte gescheiteltes Haar
(2) laufende Körperhaltung – schlank – die linke Hand ist auf dem Foto durch die Bewegung verwackelt
(3) rotes Langarmshirt mit Aufdruck – blaue Jeans mit roten Aufsätzen – dunkelgraue, feste Schuhe

---

Auch die Personenbeschreibung musst du in einer **sachlichen und klaren Sprache** verfassen. Wähle treffende Adjektive und beschreibe nicht jedes einzelne Detail, sondern beschränke dich auf **charakteristische Merkmale.**

fröhlicher Gesichtsausdruck
robuste Spielkleidung

Aus der Fülle der Einzelinformationen soll am Ende ein Bild entstehen. Im Schlusssatz formulierst du daher den **Gesamteindruck** von der beschriebenen Person.

Das Mädchen macht einen ausgelassenen Eindruck.

ÜBUNG 7 **Bilde jeweils aus einem Satzanfang und den Angaben zur Person einen Einleitungssatz; benutze dazu dein Übungsheft.**

Vor mir liegt ein Bild, auf dem ...
Auf dem Bild ist ...
Auf dem vor mir liegenden Bild sehe ich ...
Im Folgenden beschreibe ich ...

Bild 1 Frau um die 45 Jahre, greift nach einem Schrankgriff

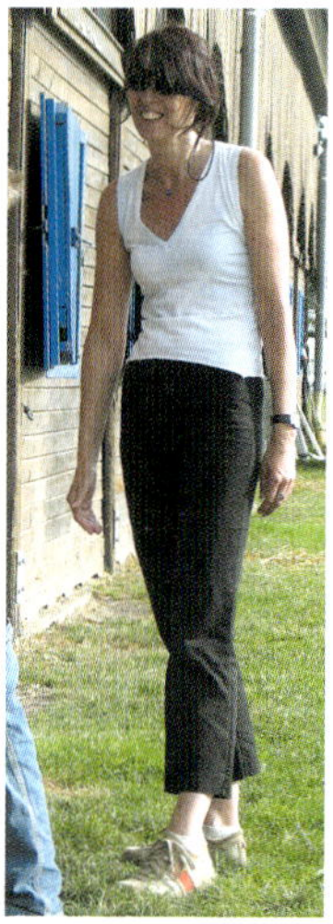

Bild 2 Frau, etwa 35 Jahre, in Sommerkleidung, auf dem Rasen stehend

Bild 3 Stehender Mann, etwa 30 Jahre, trägt Wanderbekleidung

Bild 4 Junge, etwa 12 Jahre, trägt buntes Ringel-T-Shirt und Jeans

ÜBUNG 8 **Ordne die folgenden Informationen den Bildern aus Übung 7 zu.**

(1) ein wenig lächelnd – (2) kurze, dunkelblonde Haare – (3) weißes Shirt ohne Ärmel mit V-Ausschnitt – (4) runder, heller Hut aus Pflanzenfasern – (5) langer, grauschwarzer Rock – (6) weiße, elegante Bluse – (7) Stupsnase – (8) blauer Wanderanorak – (9) hält mit beiden Händen die Lederschlaufen an den Gurten eines Rucksacks – (10) ¾-lange dunkle Hose, hellbeige Sportschuhe mit roten Streifen – (11) am linken Arm eine Armbanduhr – (12) streichelt den Kopf eines Pferdes – (13) freundlich lächelnd – (14) trägt eine dunkle Jeans, von der nur ein Teil sichtbar ist – (15) dunkle, nackenlange Haare, die ins Gesicht fallen – (16) blonde, nackenlange Haare

Bild 1:

Bild 2:

Bild 3:

Bild 4:

ÜBEN

ÜBUNG 9 **Welche Informationen dürften in der Beschreibung der jeweiligen Person auf keinen Fall fehlen? Wähle jeweils die zwei wichtigsten aus und unterstreiche sie.**

Bild 1:
Blusenärmel nicht zugeknöpft – elegante Kleidung – schwarze Stiefel – ein kleines Lächeln – Körpergröße 1,64 m

Bild 2:
sommerliche Freizeitkleidung – am linken Arm eine Armbanduhr – hellbeige Sportschuhe mit roten Streifen – dunkle, nackenlange Haare, die ins Gesicht fallen

Bild 3:
dunkle Augenfarbe – weißes T-Shirt – trägt großen, rotbraunen Rucksack mit Metallgestell – blauer Wanderanorak – dunkle Jeans

ÜBUNG 10 **Welche Aussage gibt die allgemeine Erscheinung der Personen am besten wieder? Kreuze an!**

Bild 1	Bild 2	Bild 3
☐ Lehrerin im Lehrerzimmer	☐ junge, sportliche Frau	☐ bunt gekleideter Typ
☐ elegante Dame	☐ Frau auf einem Bauernhof	☐ junger Mann auf Wanderung
☐ Frau in Winterkleidung	☐ Frau im Sommerurlaub	☐ Mann in der freien Natur

WISSEN +

Achte bei deiner Beschreibung darauf, dass dein Text sprachlich nicht zu langweilig wird. Verwende unterschiedliche Satzanfänge und vermeide Wortwiederholungen.	Dame – junge Frau – weibliche Person – sportlicher Mann – elegant gekleideter Herr – trägt bunte Kleidung – die Bluse ist kunterbunt gemustert
Gerade bei einer Personenbeschreibung ist zudem dein persönlicher Eindruck gefragt.	Ihr Lächeln wirkt, als ob sie ... Die Person wirkt auf mich ... Sie macht einen ... Eindruck Es scheint, als ob sie ...

ÜBUNG 11 **Beschreibe die abgebildete Person. Halte die vorgegebenen Arbeitsschritte genau ein. Benutze dein Übungsheft.**

a) **Beantworte folgende Fragen! Betrachte dazu die Person genau; nutze auch die Informationen unter dem Bild.**

13-jähriger Junge
1,60 m groß

Welches Geschlecht hat die Person?

Wie alt ist sie?

Wie groß ist sie?

Was fällt am Gesicht und Gesichtsausdruck auf?

Wie sind der Körperbau und die Körperhaltung?

Welche Kleidung trägt sie?

b) **Überlege dir den Einleitungssatz, in dem du erste Informationen zur Person gibst, und schreibe ihn auf.**

c) **Beschreibe jetzt genauer: Beginne mit dem Kopf, beschreibe dann den Körper und die Kleidung.**
Kopf: Kopfform, Augen, Nase, Lippen, Gesichtsausdruck, Haare
Körper: Körperbau und -haltung
Kleidung: Farben, Muster, Material

d) **Formuliere am Ende der Beschreibung deinen persönlichen Gesamteindruck.**
Der Junge wirkt auf mich insgesamt ...
oder:
Der Junge erinnert mich an ...

ÜBEN

6.3 Vorgangsbeschreibung

Bei der **Vorgangsbeschreibung** informierst du über die einzelnen Handlungsschritte bei einer bestimmten Tätigkeit, sodass man diese Tätigkeit nachvollziehen kann.	Bastelanleitung – Koch- oder Backrezept – Bewegungsablauf (Sportunterricht) – Versuchsbeschreibung (Chemie- und Physikunterricht) – Spielbeschreibung
Du beginnst mit Informationen darüber, welche **Voraussetzungen** gegeben sein oder welche **Vorbereitungen** getroffen werden müssen, damit der Vorgang ablaufen kann.	Marmorkuchen backen: Rührschüssel, Schneebesen oder Rührgerät, Zutaten bereitstellen Bewegungsablauf: Kleidung, Sportgerät, Muskeln gründlich aufwärmen
Dann beschreibst du die einzelnen **Handlungsschritte** der Reihe nach: Was muss man tun? Worauf muss man besonders achten? ■ Gib exakte Informationen und klare Handlungsanweisungen. ■ Schreibe in einer einfachen und sachlichen Sprache. ■ Achte auf eine abwechslungsreiche sprachliche Gestaltung.	Zutaten abwiegen und bereitstellen: 250 g Butter 150 g Zucker 3 Eier 250 g Mehl ½ Päckchen Backpulver 2 Teelöffel Kakaopulver etwas Milch nach und nach in die Rührschüssel geben (Butter, Zucker, Eier, Mehl mit Backpulver) Teigmasse teilen, etwa der Hälfte des Teiges Kakaopulver hinzufügen
Vorgangsbeschreibungen können ganz unterschiedlich formuliert sein: ■ Ansprache mit *man*, ■ direkte Ansprache, ■ Umschreibungen.	**Man** füllt zunächst etwa die Hälfte des hellen Teigs in die Kuchenform. Füllen **Sie** zunächst etwa die Hälfte des hellen Teigs in die Kuchenform. Zunächst **wird** etwa die Hälfte des hellen Teigs in die Form **gegeben.**
Am **Ende** der Vorgangsbeschreibung steht eine kurze Information über den **Erfolg** bzw. das **Ergebnis** des Vorgangs.	Nach der Auskühlungszeit von etwa zwei Stunden werden Sie einen köstlichen Marmorkuchen genießen können.

ÜBUNG 12 **Setze in der folgenden Vorgangsbeschreibung die unterschiedlichen Satzanfänge ein.**

danach - nun - daraufhin - im Anschluss daran - zuerst - anschließend - zum Schluss

_______ wird die Lampe ausgeschaltet. _______ wird die Sicherung herausgedreht bzw. ausgeschaltet, da sonst die Gefahr eines Stromschlags besteht. _______ löst man die defekte Glühlampe sehr vorsichtig durch leichte Linksdrehung aus der Fassung. _______ wird die neue Glühlampe mit einer entsprechenden Rechtsdrehung – nicht zu fest – eingeschraubt. _______ kann man die Sicherung wieder einsetzen. _______ schaltet man das Licht wieder ein, um zu prüfen, ob die neue Glühlampe in Ordnung ist. _______ wird die alte Glühlampe umweltverträglich entsorgt.

ÜBUNG 13 **Benenne jeweils den Vorgang und ergänze noch einen wichtigen Teilschritt.**

1. _______ : ins Kaufhaus gehen – Ware aussuchen – _______ – Ware einpacken und nach Hause gehen
2. _______ : CD-Player einschalten – CD einlegen – „START" drücken – _______
3. _______ : _______ – groben Dreck abbürsten – Schuhcreme auftragen – blank bürsten
4. _______ : ins Aufgabenheft schauen – _______ – Aufsatz schreiben – Ergebnis überprüfen

ÜBUNG 14 **Beschreibe in fünf Sätzen, wie man Bratkartoffeln zubereitet. Verwende dazu die folgenden Informationen. Achte auf unterschiedliche Satzanfänge! Benutze dein Übungsheft.**

Kartoffeln waschen, schälen und in Scheiben schneiden – 20 ml Öl erhitzen – Kartoffeln in das heiße Öl geben – nach Geschmack mit Salz, Pfeffer, Paprika würzen – goldgelb braten, dabei von Zeit zu Zeit wenden

ÜBUNG 15 **Ordne die einzelnen Schritte den Vorgängen zu und bringe sie in eine sinnvolle Reihenfolge.**

Spielbrett auf den Tisch legen – zum Automaten gehen – Tor erzielen – Ofen vorheizen – Fahrkarte entnehmen – Spielesammlung hervorholen – auf den Punkt legen – Teig rühren – Spielfiguren aufstellen – Geld einwerfen – den ersten Spielzug machen – Fahrziel aussuchen, Fahrpreis herausfinden – Form in den Ofen schieben – Zutaten einkaufen – Anlauf nehmen – Ball nehmen

1. Kuchen backen:

a) b)

c) d)

2. Halma spielen:

a) b)

c) d)

3. Elfmeter schießen:

a) b)

c) d)

4. Fahrkarte kaufen:

a) b)

c) d)

WISSEN

Die **Gebrauchsanweisung** oder **Bedienungsanleitung** ist eine Mischung aus einer Gegenstands- und einer Vorgangsbeschreibung: Zum einen wird ein Gerät mit vielen Einzelheiten beschrieben, zum anderen wird aber auch darüber informiert, wie man mit diesem Gerät umgehen soll.

– exakte Beschreibung des Äußeren (z. B. Schalter, Anschlüsse)
– Erläuterungen zur Funktion des Geräts sowie der einzelnen Schalter usw.
– genaue Handlungsanweisungen zum Umgang mit dem Gerät
– Gefahren- und Sicherheitshinweise

ÜBUNG 16 **Vervollständige die Beschreibung für das abgebildete Gerät, indem du die Wörter und Wendungen aus dem Wortspeicher einsetzt.**

durch drei an der Unterseite angebrachte Rollen – auf den Bodensauger – auf der Oberseite des Saugfußes – durch einen etwa 1 m langen, biegsamen Schlauch – durch das Saugrohr und den Saugschlauch – ein Motor im Inneren des Bodengeräts – zum Tragen des Staubsaugers – Bodenstaubsauger – zum Einstellen der Saugkraft – 80 cm langen, 40 cm breiten und 30 cm hohen

Ich beschreibe einen __________. Er besteht aus einem etwa __________ blauen Bodengerät, das __________ leicht bewegt werden kann. Auf der Oberseite ist eine Saugdüse zu erkennen, die __________ mit einem etwa 80 cm langen Saugrohr verbunden ist. Am Fuß des Saugrohrs ist der Bodensauger befestigt. Dieser besteht aus einem etwa 40 cm breiten Saugfuß, in dem sich eine Bürste befindet, die durch einen Kippschalter __________ ein- oder ausgeklappt werden kann. An der einen Seite des Bodengeräts findet sich ein in das Gehäuse integrierter

Griff ______ . Auf der anderen Seite sind Schalter angebracht: der Ein-/Aus-Schalter, Schalter ______ und ein Schalter zur automatischen Kabelaufrollung.
Wenn das Gerät durch das Elektrokabel mit dem Stromnetz verbunden und eingeschaltet ist, erzeugt ______ einen Sog, der über die Saugdüse sowie den Schlauch und das Rohr ______ übertragen wird. Dieser saugt dann Staub, Krümel oder sonstige kleine Schmutzpartikel auf und führt sie ______ in das Innere des Bodengeräts, wo sie in einem Staubbeutel aufgefangen werden. Die gereinigte Luft tritt durch das Gitter auf der Oberseite wieder aus.

ÜBUNG 17 **Die folgenden Sätze sind einem Text entnommen, der von einem Übersetzungsprogramm erstellt wurde. Formuliere daraus Sätze für eine brauchbare Bedienungsanleitung und schreibe sie in dein Übungsheft, z. B.: „Um das Gerät einzuschalten, drücken Sie …" Um welches Gerät könnte es sich handeln?**

ACHTUNG FEHLER

Knöpfe und Funktionen

A. PLAY / STOP
Lang Druck (mind. 3 sec.) zu Kraft auf „auf" oder „aus", kurz Druck zu spielen oder Pause.

B. LAST / VOL –
Kurz Druck zu gehen zu dem vorhergehenden Spur, lang Druck (mind. 3 sec.) zu abnehmen Lautstärke.

C. NEXT / VOL +
Kurz Druck zu gehen zu dem nächsten Spur, lang Druck (mind. 3 sec.) zu zunehmen Lautstärke.

D. RESET
Wiederstarten die Vorrichtung

Klassenarbeit 1

45 Minuten

AUFGABE 1 **Jeweils einer von diesen Begriffen passt nicht zu den anderen, welcher ist es? Streiche ihn durch und begründe deine Entscheidung kurz.**

1. Präsens – Einleitungssatz – Gefühle vermitteln – Schlusssatz

2. Alter – Größe – Handlungsanweisung – Geschlecht

3. Vorbereitung – Handlungsschritte – allgemeine Erscheinung – Ergebnis

4. klare, sachliche Sprache – Informationen – Spannung erzeugen – keine Wertungen

AUFGABE 2 **Im Wortspeicher findest du die einzelnen Schritte zu drei verschiedenen Vorgangsbeschreibungen. Ordne sie richtig zu.**

Reise buchen - bei der Klassenarbeit konzentriert arbeiten - Erholung pur genießen - vor großem Publikum auftreten - Grammatik pauken - riesigen Applaus ernten - mit der Bahn fahren - Gitarre stimmen - gute Note bekommen

Vorbereitung	Durchführung	Ergebnis

AUFGABE 3 **Die folgenden Sätze sind unterschiedlichen Beschreibungen entnommen. Wähle jeweils den besten Satz.**

1. ☐ Die dargestellte Person wirkt irgendwie komisch.
   ☐ Der abgebildete Mann trägt außergewöhnlich bunte Kleidung.
   ☐ Der Mann hat komische Sachen an.
2. ☐ Zuerst muss man ein bisschen Butter in die Pfanne tun und sie heiß machen.
   ☐ Wenn man die Butter heiß macht, muss man darauf achten, dass die Platte nicht zu heiß ist.
   ☐ Zunächst gibt man 20 Gramm Butter in die Pfanne und lässt sie bei geringer Hitze zergehen.
3. ☐ Mit dem Handy kann man alles Mögliche machen, telefonieren, fotografieren und sonst noch allerhand.
   ☐ Das Handy ist sehr vielseitig, außer als Telefon kann man es auch als Digitalkamera, Notizbuch und Terminkalender sowie für SMS nutzen.
   ☐ Das Ding ist echt super, was man damit alles machen kann!

AUFGABE 4 **Hier sind zwei Gegenstandsbeschreibungen durcheinandergeraten. Finde heraus, um welche Gegenstände es sich handelt! Unterstreiche dazu zunächst die zusammengehörigen Sätze mit der gleichen Farbe.**

Ich beschreibe jetzt mein _______________. Vor mir liegt ein _______________. Es ist ein flacher Gegenstand aus Holz. Er ist ein zylinderförmiger Gegenstand aus Kunststoff. Es ist 4 mm hoch, etwa 3 cm breit und etwas mehr als 20 cm lang. Er hat einen Durchmesser von etwa 1 cm und eine Länge von etwa 18 cm. An der oberen Seite hat es eine Skala, auf die im Abstand von je 1 cm etwa 9 mm lange senkrechte Striche, im Abstand von je 0,5 cm etwa 6 mm lange senkrechte Striche und im Abstand von je 1 mm etwa 3 mm lange senkrechte Striche gedruckt sind. An der einen Seite ist eine etwa 2,5 cm lange blaue Kappe auf diesen Gegenstand gesteckt, auf der anderen Seite steckt eine weiße Kappe, die in Form und Größe mit der blauen identisch ist. Außerdem sind die Zahlen von 0 bis 20 aufgedruckt. Man benutzt diesen Gegenstand zum Korrigieren von Schreibfehlern. Man benutzt diesen Gegenstand zum Abmessen kleinerer Strecken bzw. zum Ziehen gerader Linien.

Klassenarbeit 2

40 Minuten

AUFGABE 5 Beschreibe den abgebildeten Gegenstand. Schreibe in dein Übungsheft. Halte dich an die vorgegebenen Arbeitsschritte:
- Informationen sammeln, d.h. wichtige Auffälligkeiten notieren.
- Informationen sinnvoll ordnen.
- In ganzen Sätze beschreiben, dabei eine sachliche und eindeutige Sprache benutzen.

Höhe: ca. 1,30 m
Breite: 65 cm
Schreibfeld: 50 x 55 cm
alle Teile aus Kunststoff
höhenverstellbar

AUFGABE 6 Im Wortspeicher findest du die Zutaten und die einzelnen Arbeitsschritte für die Zubereitung eines Puddings. Gehe wie folgt vor und benutze dein Übungsheft:
- Sortiere die Informationen: Zutaten und Reihenfolge der Arbeitsschritte.
- Formuliere eine Vorgangsbeschreibung (Ansprache: *man*).

500 ml Milch – das in der Milch gelöste Puddingpulver hinzugeben – wenn sie kocht, von der Herdplatte nehmen – wieder auf die Herdplatte stellen und kurz aufkochen (bis der Pudding blubbert) – 3 Esslöffel Zucker – 1 Ei – Puddingpulver mit der Milch und dem Eigelb glattrühren – Pudding abkühlen lassen – die restliche Milch mit dem Zucker aufkochen – Ei trennen – 50 ml Milch abmessen – Eiweiß zu Eischnee schlagen – 1 Päckchen Puddingpulver – gründlich umrühren – in eine Schüssel geben – Eischnee vorsichtig unterheben

TESTEN

7.1 Texte verstehen – Sachtexte auswerten

Ein **Sachtext** ist ein Text, in dem es in erster Linie um die Vermittlung von Informationen geht.	Lexikonartikel Zeitungstexte Schul- und Sachbuchtexte
Der erste Schritt zur Auswertung eines Sachtextes ist das **gründliche Lesen.**	**Halma** [gr. Sprung], ein seit dem Altertum bekanntes Brettspiel für zwei oder vier Spieler, das mit 2 x 19 oder 4 x 13 Steinen auf einem rechteckigen, in 289 Felder geteilten Brett gespielt wird; Ziel des Spiels ist es, möglichst schnell den Eckhof des Gegners zu besetzen.
Danach musst du – insbesondere bei Lexikonartikeln – die **Abkürzungen** auflösen.	gr. = griechisch
Fremdwörter und **unbekannte Begriffe** klärst du mithilfe anderer Nachschlagewerke.	Altertum: früheste geschichtliche Zeit der Griechen und der Römer, ab etwa 1000 v. Chr. Eckhof: die Ecke des Spielbretts, in der zu Beginn des Spiels alle Spielfiguren einer Spielerin / eines Spielers stehen
Versuche dann herauszufinden, welche **Informationen** unbedingt notwendig sind, um den Text zu verstehen bzw. den Zusammenhang zu durchschauen.	Brettspiel für zwei bis vier Spieler, es wird mit Spielfiguren gespielt, es dreht sich um Sprünge der Spielfiguren.
Präge dir nun die zentralen Begriffe des Textes – die **Schlüsselwörter** – ein. Später solltest du in der Lage sein, den Inhalt des Textes nur anhand der Schlüsselwörter mit eigenen Worten wiederzugeben.	Sprung – Brettspiel – zwei bis vier Spieler – Ecke des Gegenspielers

ÜBUNG 1 **Lies den folgenden Text und beantworte die Fragen.**

Ziegen
Ziegen sind schlanker und beweglicher als ihre nächsten Verwandten, die Schafe. Sie haben Hufe und Hörner. Das Männchen erkennt man an seinem Bart und daran, dass es recht unangenehm riecht. Wildziegen leben heute noch in den Gebirgen des Mittleren Ostens und Zentralasiens. Von ihnen stammt die Hausziege ab. Ziegen sind neben den Schafen die ältesten Haustiere. Die Ziege liefert uns vor allem Milch, Fleisch, Häute und Wolle. Die Angoraziege ist berühmt für ihr weiches, sehr warmes Fell, aus dem Wolle gemacht wird. Zu den Ziegen gehört auch der Steinbock.

1. Wer sind die nächsten Verwandten der Ziegen?
2. Woran erkennt man das Männchen?
3. Wo leben heute noch Wildziegen?
4. Von wem stammt die Hausziege ab?
5. Wofür ist die Angoraziege berühmt?
6. Welches Tier gehört zur Gattung der Ziegen?

ÜBUNG 2 **Löse die Sonderzeichen und Abkürzungen aus den folgenden Lexikoneinträgen auf.**

Madrid
Hpst. Spaniens am Manzaneres, 3,2 Mio. E., erstmals im 8. Jh. genannt

Kästner, Erich
* 23.2.1899, † 29.7.1974, dt. Schriftsteller, u. a. humorv. Kinderbücher

Märchen
fantast. Erz., in der die Grenzen zw. der Wirkl. und dem Wunderbaren aufgehoben sind

Hpst.:		* :		fantast.:	
Mio.:		† :		Erz.:	
E.:		dt.:		zw.:	
Jh.:		humorv.:		Wirkl.:	

ÜBEN

ÜBUNG 3 **Schlage in einem Fremdwörterbuch (z. B. Duden) oder einem Lexikon nach, was die rot hervorgehobenen Begriffe bedeuten.**

Kreuzzüge

Während der Kreuzzüge kämpften die Christen gegen die Moslems um das Heilige Land Palästina. Im Jahr 1071 hatten muslimische Türken Jerusalem erobert und den Christen den Besuch der heiligen Stätten, wo Jesus gelebt hatte, verboten. Die christlichen Herrscher in Europa wollten dies nicht dulden. Einige Jahre später organisierten sie den ersten Kreuzzug zur Rückeroberung Jerusalems. Durch die Kreuzzüge lernten die Europäer den Orient kennen. Sie erfuhren, dass die Araber viel mehr als sie selbst über Medizin, Mathematik und Astronomie wussten.

Moslem:

Palästina:

organisieren:

Orient:

ÜBUNG 4 **Unterscheide im folgenden Text wesentliche von weniger wichtigen Informationen. Unterstreiche die beiden wichtigsten Sätze.**

Katzen

Die Katzen oder Raubkatzen umfassen ungefähr 40 Arten aus der Gruppe der Raubtiere. Sie alle haben einen kurzen, runden Kopf mit langen Schnurrhaaren und scharfen Eckzähnen. Ihre Krallen können sie im Gegensatz zu den Hunden einziehen, sodass man ihren Gang fast nicht hört. Die meisten Katzen schleichen sich an ihre Beute heran. Die europäische Wildkatze unterscheidet sich besonders durch ihre Größe von der Hauskatze, die von der afrikanischen Falbkatze abstammt. Zu den Katzen zählt der Zoologe auch den Luchs, den Puma, vor allem aber Leopard, Jaguar, Tiger und Löwe.

ÜBUNG 5 **Lies den folgenden Text gründlich und entscheide, ob die Aussagen richtig oder falsch sind.**

Kelten

Vor über zweitausend Jahren lebte der Volksstamm der Kelten in Großbritannien und Frankreich, in Teilen Spaniens und Deutschlands. Die alten Römer nannten sie Gallier, das bedeutet Kämpfer. Die Kelten lebten in Stämmen, an deren Spitze ein Häuptling stand. Das Volk war in Adlige, Freie und Sklaven gegliedert. Die Stämme führten untereinander häufig Krieg. Die Kelten waren gute Schmiede und schmückten ihre Waffen und Rüstungen mit eigentümlichen Mustern. Ihre Priester hießen Druiden.

Als die Römer vorrückten, zogen sich viele Kelten in weit entfernte Winkel zurück. Nur dort konnten sich ihre Lebensweise und Sprache behaupten, während sie in anderen Gebieten völlig untergingen. Noch heute wird in Europa etwas Keltisch gesprochen: das Gälische in Irland und Schottland, das Walisische in England und das Bretonische in Nordfrankreich.

	richtig	falsch
1. Die Kelten lebten in Südeuropa, vor allem in Italien und Kroatien.	☐	☐
2. Das Wort Gallier bedeutet Schläger.	☐	☐
3. An der Spitze der Kelten stand der König.	☐	☐
4. Die Priester des Königs hießen Druiden.	☐	☐
5. Die Goldschmiede der Kelten kannten außergewöhnliche Muster.	☐	☐
6. Die Kultur der Kelten vermischte sich mit der Kultur der Römer.	☐	☐
7. In verschiedenen Ländern – z. B. Schottland und Wales – wird noch heute eine dem Keltischen verwandte Sprache gesprochen.	☐	☐

ÜBUNG 6 Markiere im folgenden Text die sechs wichtigsten Begriffe – die Schlüsselwörter – farbig.

Breitengrad
Jeder Ort auf der Erde liegt auf einem bestimmten geografischen Breiten- und Längengrad. Mit diesen beiden Zahlenangaben kann man die Lage eines Ortes eindeutig bestimmen. Die Breitengrade geben an, wie weit ein Ort vom Äquator entfernt ist. Diese Entfernung wird in Grad angegeben. Der Äquator liegt dabei auf null Grad. Er unterteilt damit die Erde in eine südliche und eine nördliche Halbkugel. Der Nordpol liegt auf 90° nördlicher Breite, der Südpol auf 90° südlicher Breite. Deutschland liegt ungefähr zwischen dem 47. und 55. Breitengrad.

ÜBUNG 7 **Schreibe jetzt die Schlüsselwörter in dein Übungsheft. Schließe dann das Buch und versuche, die wesentlichen Informationen nur anhand deines Übungshefts aufzuschreiben oder jemandem mündlich vorzutragen.**

ÜBUNG 8 **Beim folgenden Text sind der Druckerei einzelne Fehler unterlaufen. Finde die Fehler heraus und berichtige sie mithilfe der Wörter aus dem Wortspeicher.**

ACHTUNG FEHLER

die Sonne – 365 Tage – Vierteltage – Schalttag – Schaltjahr – 29. Februar – Länge – Nil

Das Jahr entspricht der Zeit, welche die Erde braucht, um sich einmal um den Mond zu drehen. Ein Jahr umfasst genau 370 Tage und sechs Stunden. Unser normales Jahr ist aber nur 365 Tage lang. Alle vier Jahre fassen wir die Viertelstunden zu einem Schaltertag zusammen. Ein solches Schalterjahr hat dann 366 Tage. Darum gibt es nur alle vier Jahre einen 24. Dezember. Als Erste bestimmten übrigens die Ägypter die Höhe des Jahres. Sie bemerkten, dass der Rhein stets die Ufer überflutete, wenn der hellste Stern des Himmels, der Sirius, kurz vor Sonnenaufgang sichtbar wurde. Sie zählten die Tage zwischen zwei solchen Ereignissen und kamen genau auf 365.

7.2 Texte verstehen – Geschichten nacherzählen

In einer **Nacherzählung** gibst du eine vorgegebene Geschichte mit eigenen Worten wieder. Die Grundidee, die Personen, der Handlungsablauf und das Ergebnis müssen mit der Vorlage **übereinstimmen.** Höre also gut zu bzw. lies den Text gründlich.	Rotkäppchen
Eine Nacherzählung ist **kürzer** als die vorgegebene Geschichte, daher musst du Wichtiges von weniger Wichtigem unterscheiden: ▪ Wer handelt? (1) ▪ Was geschieht? (2)	(1) Mutter, Mädchen, Wolf, Großmutter, Jäger (2) kleines Mädchen wird von ihrer Mutter durch den dunklen Wald geschickt, um der Großmutter etwas zu essen zu bringen; sie trifft auf den Wolf und erzählt ihm von ihrer Großmutter; Wolf eilt zur Großmutter und verschlingt sie und später auch das kleine Mädchen; Jäger kann das Mädchen und die Großmutter wieder befreien
Welche besonderen **Eigenschaften** haben die Handelnden? (1) Welche der einzelnen **Handlungsschritte** sind besonders wichtig? (2)	(1) Mädchen trägt „Käppchen aus rotem Sammet", wird daher Rotkäppchen genannt (2) fürchtet sich zunächst nicht vor dem bösen Wolf und erzählt ihm gutgläubig, dass die Oma krank ist und wo genau sie wohnt
Darüber hinaus musst du auch die **Stimmung** und die Atmosphäre vermitteln.	Sorglosigkeit Rotkäppchens – Bedrohung durch den bösen Wolf – Freude über die gelungene Rettung
Die Nacherzählung soll unterhaltsam sein: ▪ Wähle eine **anschauliche und lebendige Sprache:** ausdrucksstarke Adjektive, treffende Verben, wörtliche Rede. ▪ Achte auf eine **abwechslungsreiche Wortwahl,** vor allem bei den Satzanfängen (↑ S. 83). ▪ Besonders wichtige Aussagen kannst du **wörtlich** übernehmen.	ein unbekümmertes, fröhliches Mädchen – ein dunkler, unheimlicher Wald – ein schrecklicher, hinterlistiger Bösewicht – Rotkäppchen war sehr erschrocken – der Jäger wurde stutzig – Rotkäppchen, die Großmutter und der Jäger tanzten und jubelten vor Freude – „Was hast du für große Ohren?" – „Dass ich dich besser fressen kann!"
Auch eine Nacherzählung wird im **Präteritum** verfasst. Greifst du auf etwas zurück, das vorher war, benutzt du das **Plusquamperfekt** (↑ Kap. 5.1).	Alle drei **waren** fröhlich, nachdem der Jäger Rotkäppchen und die Großmutter aus dem Bauch des Wolfs **befreit hatte**.

WISSEN

ÜBUNG 9 **Lies den folgenden Textauszug aus dem Roman „Robinson Crusoe“ von Daniel Defoe gründlich.**

Vorgeschichte:
Robinson Crusoe ist aus seinem Elternhaus aufgebrochen und hat auf einem Schiff angeheuert. Bereits auf der ersten Fahrt erleidet er Schiffbruch.

Am sechsten Tage unserer Fahrt gelangten wir auf die Reede von Yarmouth. Der Wind war uns entgegen und das Wetter ruhig gewesen, und so hatten wir nur eine geringe Strecke zurückgelegt. Dort sahen wir uns genötigt, vor Anker zu gehen, und lagen, weil der Wind ungünstig blies, sieben oder acht Tage daselbst. Unterdessen erhob sich ein wahrhaft fürchterlicher Sturm, und jetzt sah ich zum ersten Mal Angst und Bestürzung auch in den Mienen unserer Seeleute. Ich hörte den Kapitän, der mit aller Aufmerksamkeit und Wachsamkeit auf die Erhaltung des Schiffes bedacht war, mehrmals, während er neben mir zu seiner Kajüte hinein- und herausging, leise vor sich hin sagen: „Gott sei uns gnädig! Wir sind alle verloren!“

Zwei Schiffe, die in unserer Nähe vor Anker lagen, hatten, weil sie zu schwer beladen waren, ihre Mastbäume kappen und über Bord werfen müssen, und unsere Leute riefen einander zu, dass ein Schiff, welches etwa eine halbe Stunde vor uns ankerte, gesunken sei. Zwei andere Schiffe, deren Anker nachgegeben hatten, waren von der Reede auf die See getrieben und, aller Masten beraubt, jeder Gefahr preisgegeben.

Um unsere Not vollzumachen, rief mitten in der Nacht ein Matrose, der den Auftrag hatte, den Schiffsraum zu untersuchen, das Schiff sei leck und habe schon vier Fuß Wasser geschöpft. Sogleich wurde jedermann an die Pumpen gerufen. Bei diesem Ruf glaubte ich, mein Herz erstarre in der Brust. Ich fiel rücklings neben mein Bett; die Bootsleute aber rüttelten mich auf und sagten: Wenn ich auch zu sonst nichts nütze sei, zum Pumpen tauge ich doch so gut wie jeder andere.

Wir arbeiteten wacker fort, aber das Wasser stieg im Schiffsraum immer höher, und das Schiff begann augenscheinlich zu sinken.

Der Kapitän ließ deshalb fortwährend Notschüsse abfeuern. Endlich wagte ein leichtes Schiff, das gerade vor uns vor Anker lag, ein Hilfsboot auszusenden. Mit äußerster Gefahr nahte sich uns dasselbe. Endlich kamen die Matrosen durch energisches Rudern und mit Lebensgefahr uns so nahe, dass unsere Leute ihnen vom Hinterteil des Schiffes ein Tau mit einer Boje zuwerfen konnten.

Als sie unter großer Mühe und Not des Seils habhaft geworden, zogen sie sich damit dicht an den Stern unseres Fahrzeuges heran, worauf wir uns dann sämtlich in das ihrige begaben.

Noch keine Viertelstunde hatten wir unser Schiff verlassen, als wir es schon untergehen sahen. Jetzt begriff ich, was es heißt, wenn ein Schiff in See leck wird. Ich gestehe, dass ich kaum den Mut hatte, hinzusehen.

ÜBEN

ÜBUNG 10 **Was bedeuten folgende Wörter und Wendungen? Wenn du es nicht weißt, schlage im Wörterbuch nach. Schreibe in dein Übungsheft.**

1. Reede
2. vor Anker gehen
3. die Miene
4. Kajüte
5. Mastbäume kappen
6. leck
7. rücklings
8. wacker
9. Tau mit einer Boje
10. des Seils habhaft werden

ÜBUNG 11 **Schreibe das Wichtigste dieses Textauszugs heraus, indem du die folgenden Sätze vervollständigst.**

alle Matrosen – Kapitän – unterging – das eindringende Wasser – ein Hilfsboot – ihren Segelmast abschneiden mussten – nur kurze Zeit – gesamten Mannschaft des Schiffs – schlug leck – durch energisches Rudern – sank – ziellos auf dem Meer herumtrieben

Der Sturm war so schlimm, dass zwei Schiffe ______ ______, ein weiteres Schiff ______ und zwei weitere Schiffe ______ ______. Das Schiff Robinson Crusoes ______, ______ wurden an Deck gerufen, um dort ______ abzupumpen. Der ______ ließ Notschüsse abgeben, ein anderes Schiff sandte ______ aus, es kam ______ bis an das Schiff Robinson Crusoes heran. Robinson konnte sich mit der ______ ______ retten, er sah ______ ______, nachdem er das Schiff verlassen hatte, dass es ______.

ÜBEN

ÜBUNG 12 **Verbessere den folgenden Text: Setze zunächst unterschiedliche Satzanfänge ein. Schreibe in dein Übungsheft.**

Zuerst liegt das Schiff an einem Ankerplatz. Dann kommt ein Sturm auf. Dann werden mehrere andere Schiffe beschädigt. Dann schlägt auch das Schiff von Robinson Crusoe leck. Dann werden alle Matrosen an die Pumpen gerufen und sie müssen das Wasser aus dem Schiff pumpen. Dann lässt der Kapitän Notschüsse abfeuern. Dann kommt ein Hilfsboot, das die Mannschaft des Schiffes aufnimmt. Dann sinkt das Schiff, auf dem Robinson sich vorher befunden hatte.

ÜBUNG 13 **Versuche, die auf dem Schiff herrschende Stimmung anschaulich und lebendig zu vermitteln. Wähle treffende Adjektive und Sprachbilder.**

1. Der Sturm tobte
   - ☐ sehr stark.
   - ☐ wie ein wild gewordenes Tier.
   - ☐ und fegte über die Köpfe hinweg.
2. Der Kapitän und die Matrosen
   - ☐ lachten nervös.
   - ☐ waren auf das Schlimmste gefasst.
   - ☐ arbeiteten ruhig und besonnen.
3. Die Arbeit an der Pumpe
   - ☐ war kein Kinderspiel.
   - ☐ konnte von jedermann erledigt werden.
   - ☐ forderte seine ganze Kraft.
4. Das Hilfsboot erschien
   - ☐ als Rettung in letzter Minute.
   - ☐ und sie konnten einsteigen.
   - ☐ und da waren alle glücklich.
5. Robinson ging
   - ☐ erleichtert
   - ☐ mit schwankenden Knien
   - ☐ erschöpft, aber glücklich an Land.

ÜBUNG 14 **Schreibe jetzt eine eigene Nacherzählung dieses Textauszugs in dein Übungsheft.**

7.3 Gedichte, Dialoge und Szenen, Märchen und Fabeln selbst schreiben

Beim kreativen Schreiben musst du neben dem Thema, das für den Aufsatz ausgewählt ist, auch die Form des zu schreibenden Textes beachten.

Gedichte
Dialogtexte
Fabeln
Märchen

Gedichte werden in Versen geschrieben, diese werden zu Strophen zusammengefasst. Am Ende der Verse stehen häufig Wörter, die sich reimen, d. h. deren letzte Silbe(n) gleich klingen.
Darüber hinaus werden in Gedichten oft **Sprachbilder** verwendet, deren genaue Bedeutung man erst herausfinden muss.

Hat der alte Hexen**meister**
sich doch einmal wegbe***geben***!
Und nun sollen seine **Geister**
auch nach meinem Willen ***leben***.
Seine Wort und **Werke**
merkt' ich und den ***Brauch***,
und mit Geistes**stärke**
tu ich Wunder ***auch***.
(Goethe)

Kleine Szenen, Theaterstücke oder Rollenspiele sind **Dialogtexte.** Im Mittelpunkt solcher Texte steht die Unterhaltung von zwei oder mehreren Figuren oder Personen.
Durch sogenannte **Regieanweisungen** kann man auch angeben, wie diese Szenen genau gespielt werden sollen, wie das Bühnenbild aussehen soll usw.

Gast *(verärgert):*
Warum ist das Weinglas, das Sie mir gebracht haben, leer?
Ober *(freundlich lächelnd):*
Hatten Sie nicht trockenen Wein bestellt?

Die **Fabel** ist eine im Allgemeinen recht kurze Form eines erzählenden Textes. Sie wird häufig genutzt, um den Zuhörern oder Lesern eine Lehre zu vermitteln.
Ein weiteres besonderes Merkmal ist, dass häufig Tiere auftauchen, die sprechen können.

Ein hungriger Fuchs sah ein paar Trauben an einer Rebe. Der Fuchs sprang, so hoch er konnte, aber die Trauben hingen außerhalb seiner Reichweite. Deshalb gab er seine Bemühungen auf und bemerkte: „Ich hatte geglaubt, die Trauben seien reif, doch nun sehe ich, sie sind ja noch ganz grün."

Eine weitere sehr bekannte Form eines Erzähltextes ist das **Märchen**. In ihm wird einem besonders mutigen Helden häufig eine Aufgabe gestellt, die er lösen muss, um eine große Belohnung zu erhalten. Zur Lösung dieser Aufgabe helfen dem Helden oft übernatürliche eigene Kräfte oder übernatürliche Wesen.

Es war einmal ein Königssohn, der eine Prinzessin heiraten wollte. Er bekam vom König die Aufgabe, ein Einhorn zu fangen. So ging er in den Wald und flötete eine sonderbare Melodie. Das Einhorn kam, ließ sich verzaubern und einfangen. Als der Königssohn mit dem Tier zum Schloss kam, gab ihm der König die Prinzessin zur Frau.

ÜBUNG 15 **Suche zu den folgenden Wörtern passende Reimwörter.**

Leben	Wellen	sagen	reisen	auch

ÜBUNG 16 **Die folgenden beiden Texte von Eduard Mörike sind Gedichte, die aber nicht in der richtigen Form stehen. Bringe sie in Versform, benutze dazu dein Übungsheft.**

Frühling lässt sein blaues Band wieder flattern durch die Lüfte; süße, wohlbekannte Düfte streifen ahnungsvoll das Land. Veilchen träumen schon, wollen balde kommen. – Horch, von fern ein leiser Harfenton! Frühling, ja du bist's! Dich hab ich vernommen!

Im Nebel ruhet noch die Welt, noch träumen Wald und Wiesen: Bald siehst du, wenn der Schleier fällt, den blauen Himmel unverstellt, herbstkräftig die gedämpfte Welt in warmem Golde fließen.

ÜBUNG 17 **Schreibe einen kurzen Dialog zu folgender Situation in dein Übungsheft.**

Eine Familie, Mutter, Vater und drei Kinder – Pia, Yanik und Angie –, streitet sich darum, was es am kommenden Sonntag zu essen geben soll. Yanik möchte gern Hähnchen haben, weil er das mit den Fingern essen kann. Angie würde gern fein ausgehen zum Essen, sie schlägt ein italienisches Restaurant vor. Pia will am liebsten Pommes. Deshalb schlägt ihr der Vater vor, in die Pommesbude zu gehen. Diese Idee findet die Mutter aber überhaupt nicht gut, sie will nicht im Stehen essen, sondern eine gemütliche Mahlzeit im Kreise der Familie.

WISSEN +

Märchen
Im Hauptteil von Märchen findet sich oft eine **Dreigliederung.** In jedem der drei Abschnitte tauchen gleiche oder sehr ähnliche Motive auf. Die Spannung wird dabei von Abschnitt zu Abschnitt gesteigert.

- drei verschiedene Helden, die versuchen, eine Aufgabe zu lösen
- drei Versuche, eine Aufgabe zu lösen
- drei schwieriger werdende Teilaufgaben

ÜBUNG 18 **Setze in den Dialog zwischen Rotkäppchen und dem bösen Wolf die passenden Regieanweisungen ein.**

❶ besorgt um die Großmutter – ❷ in sehr freundlichem Ton – ❸ geht fröhlich pfeifend weiter – ❹ tut so, als hätte er Mitleid – ❺ grinst frech und sagt dann – ❻ noch etwas misstrauisch – ❼ neugierig – ❽ erleichtert darüber, dass sie bald an ihrem Ziel ist

	Nr.	
Wolf:		Guten Tag, Rotkäppchen! Wohin so früh des Weges so ganz allein?
Rotkäppchen:		Guten Morgen, Herr Wolf! Ich gehe zur Großmutter.
Wolf:		Was trägst du denn unter deiner Schürze?
Rotkäppchen:		Kuchen und Wein. Meine Großmutter ist alt und krank, ich will ihr eine Freude machen.
Wolf:		Ist der Weg zur Großmutter denn noch weit?
Rotkäppchen:		Nein, nur noch einige Minuten und ich bin bei ihr! Am Platz unter den großen Eichbäumen an den Nusshecken, dort ist das Haus.
Wolf:		Dann auf Wiedersehen und einen lieben Gruß an die Großmutter, auf dass es ihr bald wieder besser geht!
Rotkäppchen:		Auf Wiedersehen!

ÜBUNG 19 **Verwende den Märchenbaukasten und schreibe selbst ein kleines Märchen: Beginne mit „Es war einmal …“, gestalte den Hauptteil in drei Abschnitten, in denen die Spannung gesteigert wird, und schließe mit „… und wenn sie nicht gestorben sind, leben sie noch heute.“**

Held / Heldin	Aufgabe	Umgebung	Zaubergegenstand
ein kleiner Hirtenjunge	einen großen Schatz finden	Zauberwald	goldener Schlüssel
ein Bauerntölpel	einen verzauberten Prinzen erlösen	verschlafenes Dorf	Silberglöckchen
eine Viehmagd	ein Ungeheuer bekämpfen	Traumschloss	Wunderlupe

ÜBEN

Klassenarbeit 1

45 Minuten

AUFGABE 1 **Setze in den folgenden Versen die passenden Reimwörter ein.**

Sei mir gegrüßt, du lieber ___ ,
Mit Laub und Blüten mancherlei!
Seid mir gegrüßt, ihr lieben ___ ,
Vom Morgensonnenstrahl beschienen!
Wie fliegt ihr munter ein und aus
In Imker Dralles ___ !
Und seid zu dieser ___
So früh schon voller Tätigkeit.

Fliege, liebe Biene, fliege
Über Berg und ___
Auf die Blumen hin und ___
Dich im Sonnenstrahl!
Kehre wieder, kehre wieder,
Wenn die Kelche zu;
Leg die süße Bürde ___
Und geh auch zur ___ !

AUFGABE 2 **Lies den Text und beantworte anschließend die Fragen.**

Die Knochen bilden zusammen mit dem Knorpel das Skelett der Wirbeltiere und des Menschen. Knochen besteht aus lebendigem Gewebe und Knochenzellen, in die das Salz Kalziumphosphat eingelagert ist. Eiweißfasern sorgen für eine gewisse Biegsamkeit des Knochens. Bei Kindern ist die Elastizität am größten, bei älteren Menschen am geringsten. Wenn ein Knochen bricht, wächst er wieder zusammen, sofern er richtig zusammengefügt wird. Nach ihrer Form unterscheidet man vor allem die Röhrenknochen von den Plattenknochen. Im Inneren der Röhrenknochen befindet sich das lebenswichtige Knochenmark, das rote Blutkörperchen herstellt.

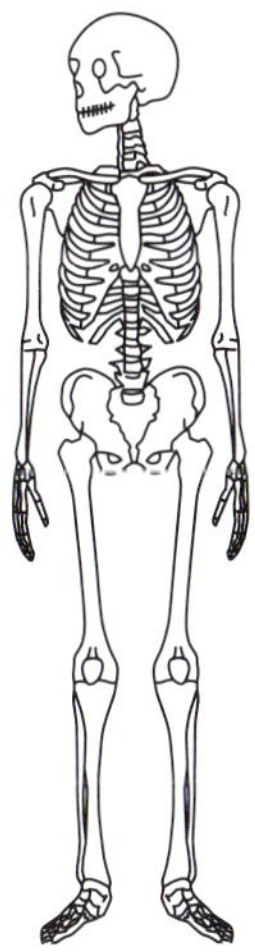

1. Wofür sorgen die Eiweißfasern in den Knochen?
   - für die richtige Versorgung der Knochen
   - für die Biegsamkeit der Knochen
   - für die weiße Farbe in den Knochen
2. Wann wächst ein Knochen wieder richtig zusammen?
   - wenn der Gips richtig sitzt
   - wenn er schnell zusammengesetzt wird
   - wenn er richtig zusammengefügt ist
3. In welchen Knochen werden die roten Blutkörperchen hergestellt?
   - in den Röhrenknochen
   - in den Plattenknochen
   - in den Markknochen

TESTEN

AUFGABE 3 **Die Lehrerin erzählt ein Märchen. Schreibe die mündliche Nacherzählung um: Verbessere die Satzanfänge und wandle die Perfektformen ins Präteritum um (↑ Kap 1.3). Benutze dein Übungsheft.**

Im Mittelalter hat ein armes Mädchen gelebt, das seine Eltern verloren hatte. Es hat sich deshalb auf den Weg zu seiner Oma gemacht. Auf seinem Weg hat es einen armen Mann getroffen, der es gebeten hat, ihm sein Brot zu geben, weil er so großen Hunger hatte. Dann hat es eine alte Frau getroffen, der es sein Kopftuch gegeben hat, weil sie so kalte Ohren hatte. Dann hat es ein Kind getroffen, dem es sein Kleidchen gegeben hat, weil dieses keines hatte. Nun hat das arme Mädchen nichts anderes als sein Hemdchen noch getragen. So ist es am späten Abend noch unterwegs gewesen, als plötzlich vom Himmel goldene Sterntaler gefallen sind, die es mit seinem Hemdchen aufgesammelt hat. So hat es mit seiner Oma noch viele Jahre glücklich gelebt.

AUFGABE 4 **Ordne die folgenden Begriffe und Wendungen den richtigen Textsorten zu und trage sie in die Tabelle ein.**

Rollenspiel – Strophen – Abkürzungen auflösen – Kostüme – Schlüsselwörter herausschreiben – klare, sachliche Sprache – bildliche Sprache – sprechende Tiere – wunderbare Fähigkeiten – knapper Text – Reimwörter – recht kurzer Erzähltext – Regieanweisungen – große Belohnung – Lehre vermitteln – Fuchs – Fremdwörter nachschlagen – Prinzessin – Verse – drei Wünsche freihaben – Informationen – Szene – große Aufgabe – Bühnenbild – gleich klingende Schlusssilbe

Sachtext:

Gedicht:

Dialogtext:

Märchen:

Fabel:

TESTEN

Stichwortfinder

Bildquellennachweis:
Bibliographisches Institut, Mannheim: S. 108, S. 115
Bibliographisches Institut, Mannheim / Martin Bredol, Seeheim-Jugenheim: S. 102, S. 104
Bibliographisches Institut, Mannheim / Joachim Schreiber, Seeheim-Jugenheim: S. 101, S. 102
© CORBIS / Royalty-Free: S. 115
Kessler-Medien, Saarbrücken: S. 102
Vitra Design Museum, Weil am Rhein: S. 100